英検4級をひとつひとつわかりやすく。

先生から，みなさんへ

　いま，みなさんがこうして英検にチャレンジしていることを，ぼくはとてもうれしく思います。

　英検は，みなさんの英語を一歩ずつ世界レベルまで高めていってくれる「ガイド」です。5級から始まり，最終的には1級まで。どんどん高い場所へと確実に導いてくれる，心強い味方です。

　本書は，そんな英検をしっかりとモノにするために作られた本です。わかりやすい解説と，それをすぐに練習できる豊富な予想問題が特長です。

　なお，英検を勉強するにあたって，みなさんにお伝えしたいことがあります。

　英検をうまく使うコツは，実は，「すぐに次の級に進もうとしない」ことです。もしぎりぎりで合格したならば，今度は，同じ級を高得点で合格できるようにがんばってください。そうすることで，本物の実力がつきます。

　「資格を取る」ためだけではなく，「使える英語を身につける」という気持ちを大切にしてほしいと思っています。

　また，英語に限らず，何ごとも「ぎりぎり」よりは「余裕」の方が楽しいですよね！　英検はレースではないので，級が上がるスピードを競う必要はないのです。この本でじっくり勉強して，まずは，「余裕で合格する」気持ちよさを味わってみてください。

　　　　　　　　　　　　　　　　　　　　　　　　　　　監修　山田 暢彦

もくじ

これでカンペキ！ 英検4級 受験パーフェクトガイド ····· 006

01　よく出る 動詞＋名詞
いろいろな動詞 ············· 012

02　have，take の使い方
使い方に注意する動詞 ············· 014

03　よく出る名詞
いろいろな名詞 ············· 016

04　「時」を表す語
いろいろな副詞・副詞句 ············· 018

05　人の様子を表す形容詞
いろいろな形容詞 ············· 020
もっと！ 4級の重要単語・熟語 ①
············· 022

予想テスト
動詞・名詞・副詞・形容詞・代名詞 ············· 024

06　go，get，come の熟語
重要熟語 ① ············· 026

07　have，take，look の熟語
重要熟語 ② ············· 028

08　そのほかの動詞の熟語
重要熟語 ③ ············· 030

09　形容詞を使った熟語
重要熟語 ④ ············· 032

10　「時」「場所」を表す熟語
重要熟語 ⑤ ············· 034
もっと！ 4級の重要単語・熟語 ②
············· 036

予想テスト
いろいろな熟語・前置詞 ············· 038

11　過去の文
一般動詞の過去の文 ············· 040

12　was，were の文
be動詞の過去の文・過去進行形 ············· 042

13　will，be going to の文
未来を表す文 ············· 044

14　「～しなければならない」の文
have to, must の使い方 ············· 046

15　to ＋動詞の原形，動名詞
不定詞，動名詞（動詞のing形）の使い方 ············· 048
もっと！ 4級の重要単語・熟語 ③
············· 050

予想テスト
過去・未来・助動詞・不定詞・動名詞 ············· 052

16　文と文をつなぐ語
いろいろな接続詞 ············· 054

17　比べる言い方
比較の文 ① ············· 056

18　注意すべき比較の文
比較の文 ② ············· 058

19　語順に注意する文型
SVC・SVOOの文 ············· 060

20　「～がある」「～しなさい」の文
There is ～ . の文・命令文 ············· 062
もっと！ 4級の重要単語・熟語 ④
············· 064

予想テスト
接続詞，比較，SVC・SVOOの文，There is ～. 066

21　許可・依頼の表現
会話表現 ① ············· 068

22　すすめる・誘う表現
会話表現 ② ············· 070

23　提案・感想を聞く表現
会話表現 ③ ············· 072

24　what の疑問文
会話表現 ④ ············· 074

25　人や理由のたずね方
会話表現 ⑤ ············· 076

26　時・場所のたずね方
会話表現 ⑥ ············· 078

27	そのほかの how の疑問文		予想テスト	
	会話表現 ⑦ ………………… 080		長文問題 ……………………… 094
	もっと！ 4級の重要会話表現	32	最後の発言に注意	
	……………………………… 082		リスニング第1部 ……………… 098
	予想テスト	33	疑問詞を聞き取ろう	
	会話表現 ……………………… 084		リスニング第2部 ……………… 100
28	お知らせの読み方	34	話の流れをつかもう	
	長文問題 ①（掲示）…………… 086		リスニング第3部 ……………… 102
29	メールの読み方		予想テスト	
	長文問題 ②（Eメール）……… 088		リスニング ……………………… 104
30	手紙の読み方			
	長文問題 ③（手紙）…………… 090		模擬試験 ………………………… 106
31	説明文の読み方		動詞の語形変化一覧表 ………… 117
	長文問題 ④（説明文）………… 092		別冊　予想問題・予想テスト・模擬試験の答え

● 本書は，過去に出題された英検の問題を徹底分析し，英検合格に必要な情報を厳選しています。わかりやすい解説と予想問題でしっかり受験対策ができます。
● 1回分の学習は1見開き（2ページ）です。毎日少しずつ学習を進めましょう。
　・左ページ…解説のページです。
　・右ページ…英検4級の予想問題です。左ページで学習した内容を，実戦的な問題で確認します。
● 単元の区切りのところに，これまで学習した内容を確認する「予想テスト」があります。
● 「予想テスト」の前のページでは，英検4級でよく出る重要単語や熟語などを紹介しています。
● 付属のCDには，左ページのイラスト内の英語の文や単語，「予想問題」「予想テスト」「模擬試験」のリスニング問題の音声が収録されています。右ページの筆記問題の英文はCDには収録されていません。
　★「予想問題」「予想テスト」のリスニング問題は，1度だけ読まれます。実際の試験では，音声が2度読まれますので，聞き取れなかった場合には，くり返し聞きましょう。ただし，「模擬試験」は実際の試験と同じように2度読まれます。音声の指示に従って答えましょう。
　★CDのあとについて読む練習をしたいときは，CDプレーヤーの一時停止ボタンを活用してください。

これでカンペキ！　英検4級

受験パーフェクトガイド

年間約230万人が受験する，実用英語技能検定（英検）。文部科学省後援の検定として人気があり，入試や就職でも評価されています。ここでは，英検4級を受験するみなさんのために，申し込み方法や試験の行われ方などの役立ち情報を紹介します。

4級の試験はこう行われる！

試験は筆記とリスニング

　4級の試験時間は**筆記試験35分**，**リスニングテスト約30分**の合計約65分です。筆記試験が終わると，2分ほどの準備時間のあと，すぐにリスニングテストが行われます。
　筆記試験もリスニングテストも，解答はすべてマークシート方式（詳しくは10ページ）です。リスニングテストの解答時間は，1問につき10秒与えられます。

自宅の近くや学校で受けられる

　英検は，全国の多くの都市で実施されています。申し込み方法にもよりますが，たいていは自宅の近くの会場や，自分の通う学校などで受けられます。

試験は年3回実施される

　4級の試験は，**6月**（第1回）・**10月**（第2回）・**1月**（第3回）の年3回行われます。申し込みの受付の締め切りは，試験日のおよそ1か月前です。
　なお，申し込み方法によって試験日程や会場が異なりますので，試験日と会場は必ず確認しておきましょう。

試験の申し込み方法は？

団体申し込みと個人申し込みがある

　英検の申し込み方法は，学校や塾の先生を通じてまとめて申し込んでもらう**団体申し込み**と，自分で書店などに行って手続きする**個人申し込み**の2通りがあります。中学生・高校生の場合は，団体申し込みをして，自分の通う学校などで受験することが多いです。

まず先生に聞いてみよう

　中学生・高校生の場合は，自分が通っている学校を通じて団体申し込みをすることが多いので，まずは英語の先生に聞いてみましょう。

　団体申し込みの場合は，先生から願書（申し込み用紙）を入手します。必要事項を記入した願書と検定料は，先生を通じて送ってもらう形になります。試験日程や試験会場なども英検担当の先生の指示に従いましょう。

個人で申し込む場合は書店・コンビニ・ネットで

個人で受験する場合は，次のような方法があります。

■ 書店で申し込む
　英検特約書店（受付期間中に英検のポスターを掲示しています）で検定料を払い込み，「書店払込証書」と「願書」を英検協会へ郵送する。

■ コンビニエンスストアで申し込む
　ローソン・セブン-イレブン・ファミリーマート・サークルK・サンクスの店内の情報端末機から直接申し込む。（詳しくは英検のホームページをごらんください。）

■ インターネットで申し込む
　英検のホームページ（http://www.eiken.or.jp）から申し込む。

■ 携帯電話で申し込む
　英検オフィシャルサイト携帯版（http://www.eiken.or.jp/i）から申し込む。

申し込みなどに関するお問い合わせは，英検を実施している**公益財団法人 日本英語検定協会**まで。

　・英検ホームページ　　　http://www.eiken.or.jp
　・英検サービスセンター　☎ 03-3266-8311

＊英検のホームページでは，試験に関する情報・優遇校一覧などを公開しています。

4級の出題内容を知ろう！

4級の試験は，出題形式別に，筆記4題・リスニング3題の大問に分けられています。ここで，大問ごとの内容を見てましょう。

筆記試験：35分，35問

■ 大問1　空所に入る適切な語句を選ぶ問題　→ 15問

短い文や会話を読んで，（　）に適する語句を選ぶ問題です。おもに単語力と文法の知識が問われます。

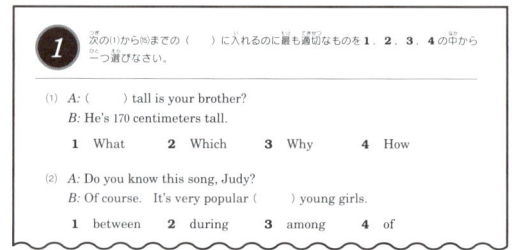

■ 大問2　空所に入る適切な英文を選ぶ問題　→ 5問

会話文を読んで，（　）に適する文や語句を選ぶ問題です。会話の流れを読み取る力と，会話表現の知識が問われます。

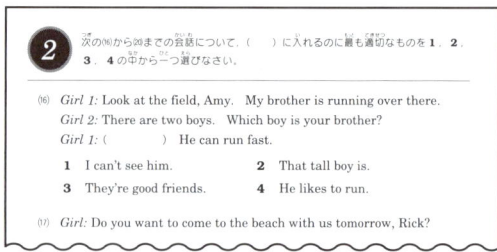

■ 大問3　語句の並べかえの問題　→ 5問

日本文の意味に合うように語句を並べかえて，2番目と4番目にくるものの正しい組み合わせを答える問題です。総合的な作文の力が問われます。

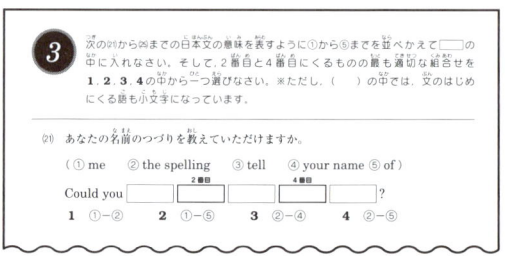

■ 大問4　長文を読んで答える問題　→ 10問

長文を読んで，その内容についての質問に対する答えを選ぶ問題です。読解力が問われます。A，B，Cの3つの形式があります。

４Ａでは掲示などの短い「お知らせ」の文章，４Ｂでは「手紙」または「Ｅメール」のやり取り，４Ｃではまとまった量の長文を読みます。４Ａは２問，４Ｂは３問，４Ｃは５問あります。

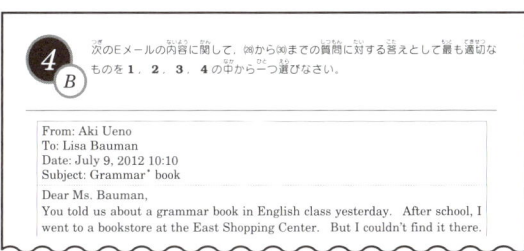

リスニングテスト：約30分，30問

■ 第１部　適切な応答を選ぶ問題　　　　　　　　　　➡ 10問

　Ａ→Ｂ→Ａの短い会話を聞いて，それに対するＢの応答として適するものを，放送される選択肢から選ぶ問題です。問題用紙に印刷されているのはイラストだけで，応答の選択肢も放送で読まれます。（英文と選択肢は２度読まれます。）

■ 第２部　対話文についての質問に答える問題　　　　➡ 10問

　Ａ→Ｂ→Ａ→Ｂのやや長い会話と，その内容についての質問を聞いて，質問の答えを選ぶ問題です。問題用紙には選択肢の英文が印刷されています。（会話と質問は２度読まれます。）

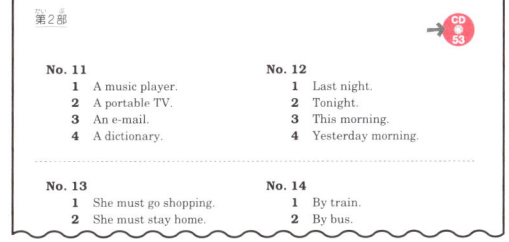

■ 第３部　英文についての質問に答える問題　　　　　➡ 10問

　やや長い英文と，その内容についての質問を聞いて，質問の答えを選ぶ問題です。問題用紙には選択肢の英文が印刷されています。（英文と質問は２度読まれます。）

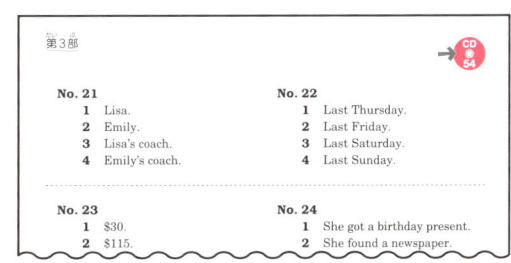

4級のレベルと合格ライン

4級は「簡単な英語」レベル！

　日本英語検定協会の審査基準によると，英検4級は**「簡単な英語を理解することができ，またそれを使って表現することができる」**レベルです。目安としては**中学中級程度**とされています。

合格ラインは満点の60％前後！

　筆記35問，リスニング30問の計65問のうち，それぞれ約60％を正解すれば4級の試験の合格ライン＊です。

　試験では「語い・文法力」「読解力」「作文力」「聴解力（リスニングの力）」といったさまざまな英語の力が総合的に試されます。苦手な部分をつくらないように，それぞれの力をバランスよく身につけておくことが大切です。

＊合格ラインは，過去の結果からみた目安です。2016年度から各技能のバランスが求められるようになりました。

解答はマークシート方式！

　解答は，4つ（リスニングテストの第1部は3つ）ある選択肢から1つを選び，解答用マークシートのその番号の部分をぬりつぶすマークシート方式です。試験では次の点に注意しましょう。

- HBの黒鉛筆を使うこと(シャープペンシルも使用可とされています)。ボールペンや色鉛筆は使えません。
- 機械で読み取れるように，はっきりとぬりつぶすこと。
- まちがえてマークしてしまったときは，消しゴムできれいに消してから，新しい解答をマークすること。

英検攻略アドバイスと本番スケジュール

英検は出題パターンが決まっている！

　英検の出題パターンはある程度決まっています。本書では，英検を徹底分析し，よく出るポイントをわかりやすく説明しているので，効率よく学習できます。また，「予想問題」「予想テスト」もあり，これらを何回も勉強することで，問題のパターンもよくわかりますし，本番になってもあわてないですみます。

単語数は教科書よりグーンと多い！

　4級の出題内容は「中学中級程度」ですが，単語数は約1,300語レベル！　英語の教科書には出てこない単語や熟語も出てきます。本書で扱っている単語や熟語はしっかり覚えておきましょう。

　R・Lでスコアは均等で，満点1000点のうち622点で合格です。本書の付属CDを聞いて，リスニングテストの形式に慣れておきましょう。

本番のスケジュールを確認しておこう！

① 受付で受験票（個人受験の場合）を見せます。

② 自分の受験する教室を確認し，着席します。（**受験番号によって教室がちがう**ので，よく確認しましょう。また，お手洗いは混雑するので早めに行きましょう。）

③ **問題冊子**と**解答用紙**が配られます。

④ 受験者心得の放送の指示に従って，解答用紙に**必要事項**を記入します。

⑤ 試験監督の合図で筆記試験開始！

01 よく出る 動詞＋名詞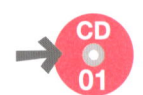

いろいろな動詞

英語の文では，**動詞のあとに名詞が続く**ことが多いです。英検4級では，よく出る〈動詞＋名詞〉のパターンがあるので，セットで覚えておきましょう。

- **answer the phone** 電話に出る
- **clean a room** 部屋を掃除する
- **ride a bike** 自転車に乗る
- **learn English** 英語を学ぶ
- **watch TV** テレビを見る
- watch ～ on TV（テレビで～を見る）のパターンもあるよ
- **send** a letter / an e-mail　手紙／メール を送る
- **write** a letter / a report　手紙／レポート を書く
- **draw** a picture / a map　絵／地図 をかく

4級でよく出る動詞には次のようなものもあります。意味を確認しておきましょう。

- □ **check** （確かめる）
- □ **hear** （聞こえる）
- □ **put** （置く）
- □ **say** （言う）
- □ **find** （見つける）
- □ **play** （〈スポーツを〉する，遊ぶ）
- □ **remember** （覚えている）
- □ **try** （試す，やってみる）

動詞を選ぶ問題では，**選択肢が過去形**の場合があります。特に，最後が ed の形にならない不規則動詞の過去形に注意しましょう。動詞の過去形は，40ページで勉強します。

予想問題

答えは別冊1ページ

■ (1)〜(5)は（ ）に入れるのに最も適切なものを **1〜4** から選びましょう。(6)は①〜⑤を並べかえて，☐の中に入れ，2番目と4番目にくるものの組み合わせとして最も適切なものを **1〜4** から選びましょう。

(1) *A:* There is something wrong with this radio.
    B: Really? I'll ( ) it.

    1 watch   **2** learn   **3** say   **4** check

(2) *A:* Can you ( ) the phone, Andy? I'm busy now.
    B: OK, Mom. I'll get the phone.

    1 call   **2** answer   **3** give   **4** talk

(3) My brother likes to ( ) his unicycle. He enjoys it very much.

    1 ride   **2** visit   **3** get   **4** look

(4) *A:* I don't know the way to the post office. Please ( ) a map for me.
    B: Sure.

    1 teach   **2** draw   **3** say   **4** write

(5) *A:* I can't ( ) my gloves. Did you see them?
    B: I saw them on the sofa.

    1 find   **2** work   **3** remember   **4** put

(6) 私は昨日，テレビで映画を見ました。

    （① TV   ② a movie   ③ I   ④ on   ⑤ watched ）

    ☐ ☐(2番目) ☐ ☐(4番目) ☐ yesterday.

    1 ③-④   **2** ②-③   **3** ⑤-④   **4** ⑤-①

注 (1) □wrong：調子が悪い，故障した　□radio：ラジオ　(2) □phone：電話　(3) □unicycle：一輪車　(4) □way：道順　□post office：郵便局　□sure：(返事で)いいですよ，もちろん　(5) □gloves：(ふつう複数形で)手袋　□sofa：ソファー

02 have, takeの使い方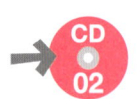

使い方に注意する動詞

動詞には，複数の意味をもつものがあります。意味がたくさんある動詞や特別な使い方をする動詞は要注意です。4級必出の have と take の意味と使い方を押さえましょう。

have の基本の意味は「**持っている**」ですが，これ以外にも「**食べる**」「**飼っている**」などたくさんの意味があります。

また，have は **have to** の形で助動詞のように使われることもあります。「**〜しなければならない**」という意味を表します。（46ページでくわしく学習します。）

take は「**取る**」以外に，「**（乗り物に）乗る**」「**（レッスンを）受ける**」などの意味もあります。

予想問題

答えは別冊 1 ページ

［リスニング］の問題は，CD を聞きながら解答しましょう。

■ (1)～(3)は（　）に入れるのに最も適切なものを **1～4** から選びましょう。(4)は①～⑤を並べかえて，□□□□ の中に入れ，2番目と4番目にくるものの組み合わせとして最も適切なものを **1～4** から選びましょう。

(1) A: What did you (　　) at the restaurant?
　　B: Beef stew. It was good.

　　1 meet　　**2** go　　**3** play　　**4** have

(2) A: Excuse me, but can you (　　) a picture for us?
　　B: Sure.

　　1 take　　**2** have　　**3** come　　**4** play

(3) Our classroom (　　) a big map on the wall.

　　1 is　　**2** takes　　**3** has　　**4** watches

(4) 私を動物園へ連れていってくれますか。

　　(① take　② you　③ me　④ can　⑤ to)

　　□ □(2番目) □ □(4番目) □ the zoo?

　　1 ②-⑤　　**2** ②-③　　**3** ③-⑤　　**4** ③-②

■ ［リスニング］イラストを参考にしながら対話と応答を聞き，最も適切な応答を **1～3** から選びましょう。（英文は1回だけ読まれます。）

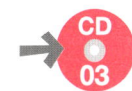

(5)

　　1
　　2
　　3

注 (1) □restaurant：レストラン　□beef stew：ビーフシチュー　(2) □picture：写真，絵　□sure：(返事で)もちろん
(3) □map：地図　□wall：壁　(4) □zoo：動物園　(5) □near：～の近くに　□station：駅　□got：過get(着く)

03 よく出る名詞

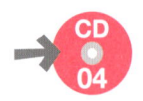

いろいろな名詞

大問❶では，名詞の知識を問う問題も出されます。名詞は1語1語覚えるよりも，カテゴリーに分けたり，関連語句といっしょにしたりしてまとめると覚えやすいです。

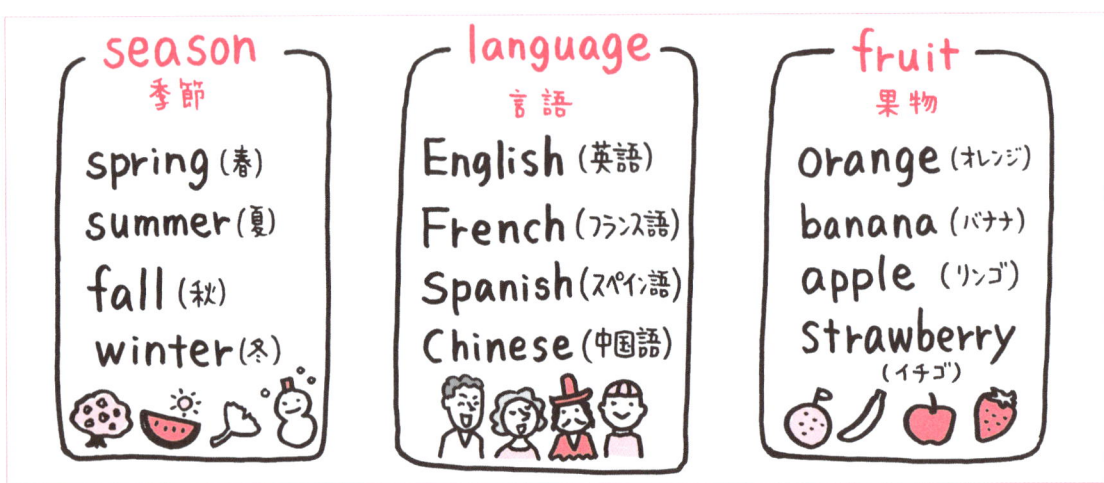

次の名詞はよくいっしょに使われる語句とセットで覚えておきましょう。これらのキーワードとなる語句が，答えを導く手がかりとなることもあります。

予想問題

答えは別冊1ページ

■ ( ) に入れるのに最も適切なものを **1** ～ **4** から選びましょう。

(1) *A:* What's your favorite sport?
    B: I like ( ) very much.

    1 badminton   **2** rock music
    3 games   **4** rackets

(2) *A:* Where are you going, Alice?
    B: To the ( ). I want to buy some stamps.

    1 barbershop **2** gym **3** post office **4** room

(3) My father speaks Spanish and French. He wants to teach these ( ) to me.

    1 lessons **2** languages **3** villages **4** sports

(4) *A:* It's almost twelve thirty! I'm hungry. Let's go for lunch.
    B: Sure. How about the new Chinese ( )?

    1 library **2** station **3** park **4** restaurant

(5) Peter's family visited London last summer. They stayed at a nice ( ) there.

    1 hotel **2** country **3** garden **4** picnic

(6) I have ( ) every day, for example, bananas and oranges.

    1 season **2** music **3** fruit **4** sport

注 (1) □favorite：大好きな (2) □barbershop：理髪店 (3) □Spanish：スペイン語 □French：フランス語
(4) □almost：もうすぐ □hungry：空腹な □go for ～：～をしに出かける □lunch：昼食 (5) □family：家族
□visit：訪れる □London：ロンドン □stay at ～：～に滞在する (6) □every day：毎日 □for example：例えば

04 「時」を表す語

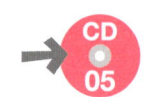

いろいろな副詞・副詞句

4級では，**過去の文と未来の文がよく出されます**。これらの文で重要になるのが，過去あるいは未来のいつのことなのかを示す，**「時」**を表す語句です。

過去の時を表す語句には次のようなものがあります。

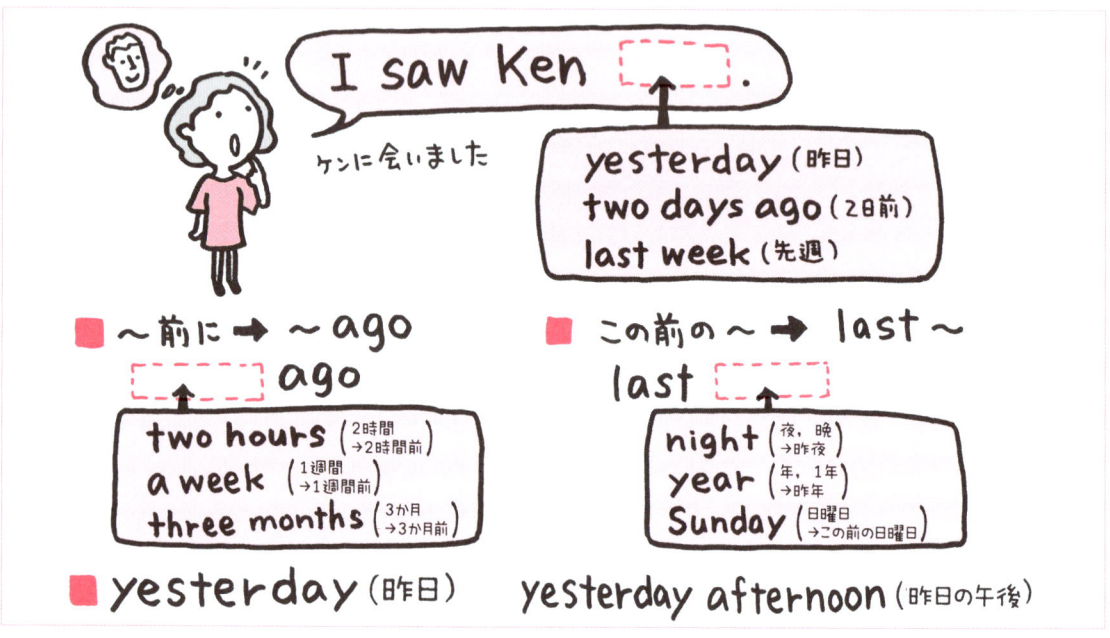

未来の時を表す語は，next と tomorrow の2語を覚えておきましょう。

上記以外にも，「時」に関連する語があります。また，「様子・状態」などを表す語もあわせて確認しておきましょう。

- □ **early**（早く）
- □ **late**（遅く）
- □ **soon**（すぐ，まもなく）

- □ **again**（再び）
- □ **slowly**（ゆっくりと）
- □ **together**（いっしょに）

予想問題

答えは別冊2ページ

■ (　) に入れるのに最も適切なものを **1〜4** から選びましょう。

(1) *A:* What did you do (　) Sunday, Tom?
　　B: I went swimming with my brother.

　　1 before　　**2** last　　**3** next　　**4** ago

(2) *A:* I didn't understand your words.　Please say it again more (　).
　　B: OK.

　　1 quickly　　**2** fast　　**3** early　　**4** slowly

(3) My brother is a high school student.　He's going to go to college (　) year.

　　1 next　　**2** before　　**3** last　　**4** soon

(4) I found this old mirror in my garden three years (　).

　　1 also　　**2** ago　　**3** well　　**4** next

(5) *A:* Did you finish your homework, Mary?
　　B: No.　Let's do it (　).

　　1 together　　**2** again　　**3** late　　**4** already

注　(1) □went：過go（行く）　□go swimming：泳ぎに行く　(2) □again：もう一度, 再び　□more：より〜
　　(3) □high school student：高校生　□be going to 〜：〜するつもりだ　□college：大学
　　(4) □found：過find（見つける）　□mirror：鏡　□garden：庭　(5) □finish：終える　□homework：宿題　□do：する

05 人の様子を表す形容詞

いろいろな形容詞

　形容詞を選ぶ問題では，busy（忙しい），hungry（空腹な）など人の**様子を表すもの**がよくねらわれます。次のような形容詞はしっかり押さえておきましょう。

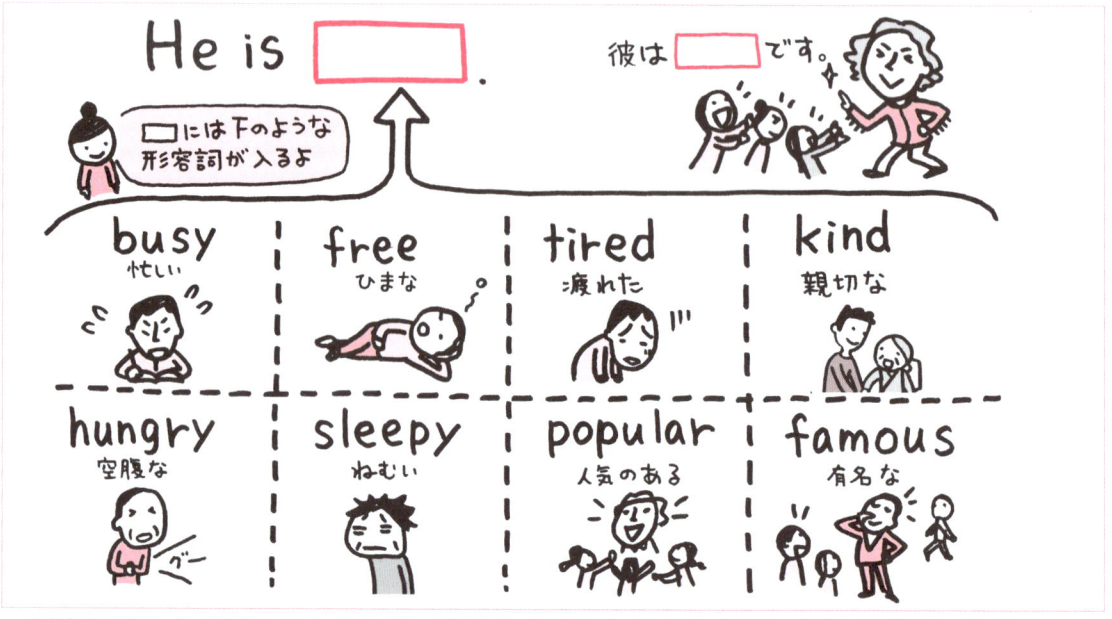

　形容詞は，上の例文のように **be 動詞のすぐあと**におき主語の様子を説明します。

　また，a **big** box（大きな箱）のように**名詞のすぐ前**におき，名詞を説明する働きもします。次のような形容詞は，名詞とセットにして覚えておくとよいでしょう。

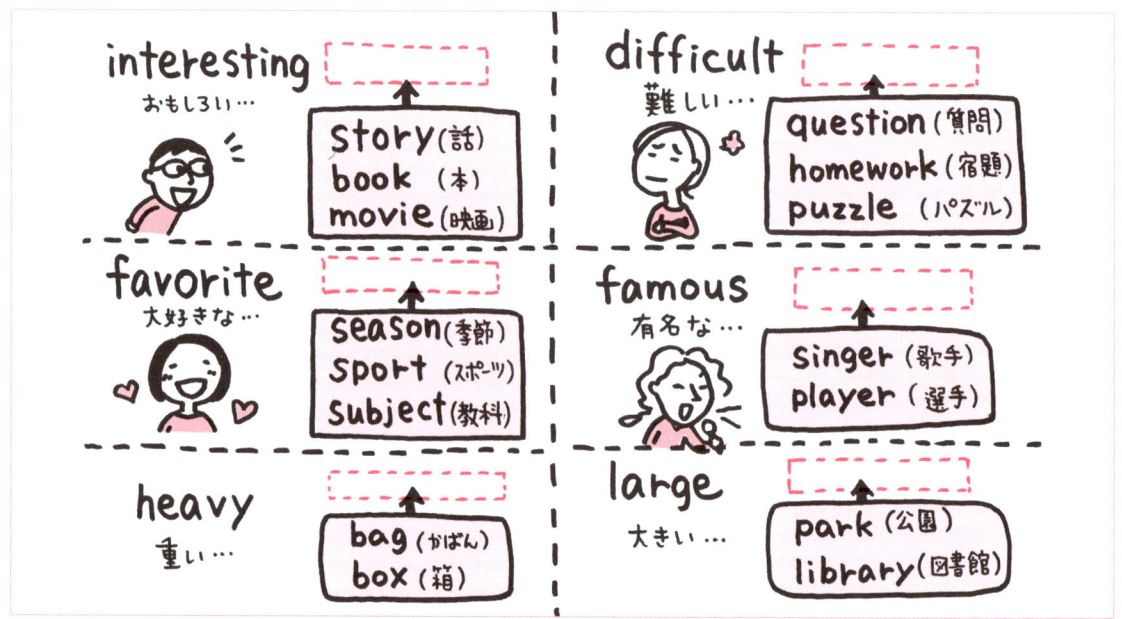

予想問題

答えは別冊2ページ

■ (1)〜(5)は（　）に入れるのに最も適切なものを **1〜4** から選びましょう。(6)は①〜⑤を並べかえて，□の中に入れ，2番目と4番目にくるものの組み合わせとして最も適切なものを **1〜4** から選びましょう。

(1) I like my history teacher, but my (　　) subject is math.
  1 different　**2** famous　**3** favorite　**4** popular

(2) When I'm (　　), I play video games in my room.
  1 busy　**2** kind　**3** free　**4** late

(3) A: Do you know this man?
  B: Of course. He's a very (　　) soccer player.
  1 famous　**2** easy　**3** clean　**4** late

(4) Andy was very (　　) yesterday because he had a lot of homework.
  1 kind　**2** tired　**3** young　**4** rich

(5) A: You have a lot of DVDs. Can I borrow one of them?
  B: Sure. How about this movie? It's very (　　).
  1 hungry　**2** sleepy　**3** interesting　**4** delicious

(6) マイクはその手紙を読んだとき，とてもうれしかった。
  (① very　② happy　③ was　④ when　⑤ he)
  Mike ☐ ☐(2番目) ☐ ☐(4番目) ☐ read the letter.
  1 ①-④　**2** ②-④　**3** ②-⑤　**4** ①-⑤

注
(1) □history：歴史　□subject：教科　□math：数学　(2) □video game：テレビゲーム　(3) □Of course.：もちろん。　□soccer player：サッカー選手　(4) □had：過have（〜がある）　□a lot of 〜：たくさんの〜　(5) □borrow：借りる　(6) □when：〜のとき　□read：過read（読む）　□letter：手紙

もっと！4級の重要単語・熟語 ①

（このページはCDには対応していません。）

動詞　意味と使い方を例文で確認しましょう。

☐ **begin**　始まる，〜を始める
Class **begins** at 8:45.
授業は8時45分に始まります。

☐ **bring**　〜を持ってくる
I'll **bring** some food.
食べ物を持っていきます。

☐ **buy**　〜を買う
Where did you **buy** that notebook?
どこでそのノートを買いましたか。

☐ **call**　〜に電話をかける，〜を呼ぶ
Please **call** me anytime.
いつでも私に電話をしてください。

☐ **carry**　〜を運ぶ
Can you **carry** this box?
この箱を運んでくれますか。

☐ **get**　〜を手に入れる
When did you **get** that CD?
いつそのCDを手に入れましたか。

☐ **paint**　（絵を）かく，ペンキを塗る
Who **painted** this picture?
だれがこの絵をかきましたか。

☐ **practice**　〜を練習する
Do you **practice** tennis every day?
あなたは毎日テニスを練習しますか。

☐ **wear**　〜を着る，身につける
She's **wearing** a new dress.
彼女は新しいドレスを着ています。

☐ **visit**　〜を訪ねる，訪れる
I **visit** my grandparents every summer.
私は毎年夏に祖父母を訪ねます。

名詞　関連する語をまとめて覚えましょう。

☐ **sport**（スポーツ）
- ☐ baseball　野球
- ☐ basketball　バスケットボール
- ☐ golf　ゴルフ
- ☐ soccer　サッカー
- ☐ volleyball　バレーボール
- ☐ tennis　テニス

☐ **food**（食べ物）
- ☐ beef　牛肉
- ☐ chicken　とり肉
- ☐ spaghetti　スパゲッティ
- ☐ pizza　ピザ
- ☐ salad　サラダ
- ☐ stew　シチュー

☐ **family**（家族）
- ☐ son　息子
- ☐ daughter　娘
- ☐ uncle　おじ
- ☐ aunt　おば
- ☐ grandfather　祖父
- ☐ grandmother　祖母
- ☐ parents　両親

- ☐ **building**（建物）
  - ☐ airport 空港
  - ☐ hospital 病院
  - ☐ museum 博物館, 美術館
  - ☐ stadium 競技場
  - ☐ theater 映画館
  - ☐ supermarket スーパーマーケット

様子を表す語　いろいろな形容詞を覚えましょう。

- ☐ exciting　わくわくさせる
- ☐ special　特別な
- ☐ different　異なる
- ☐ easy　簡単な
- ☐ rich　豊かな, 金持ちの
- ☐ useful　役に立つ
- ☐ same　同じ
- ☐ early　早い

頻度や時などを表す語　いろいろな副詞を確認しましょう。

- ☐ always　いつも
- ☐ usually　ふつうは, たいてい
- ☐ often　よく, しばしば
- ☐ sometimes　ときどき

always　usually　often　sometimes

- ☐ once　1回
- ☐ tonight　今夜, 今晩
- ☐ twice　2回
- ☐ also　〜もまた

代名詞　代名詞は文中での働きによって形を使い分けます。表で確認しましょう。

単数

	主格（〜は）	所有格（〜の）	目的格（〜を）	所有代名詞（〜のもの）
私	I	my	me	mine
あなた	you	your	you	yours
彼	he	his	him	his
彼女	she	her	her	hers
それ	it	its	it	―

複数

	主格（〜は）	所有格（〜の）	目的格（〜を）	所有代名詞（〜のもの）
私たち	we	our	us	ours
あなたがた	you	your	you	yours
彼ら	they	their	them	theirs

 文の主語になるときは主格、「だれだれの〜」という意味を表すときは所有格、動詞や前置詞のあとにくる（目的語になる）ときは目的格、「だれだれのもの」という意味を表すときは所有代名詞を使います。

予想テスト

答えは別冊2ページ

動詞・名詞・副詞・形容詞・代名詞

1 次の（　）に入れるのに最も適切なものを1～4の中から1つ選びましょう。

(1) *A*: How is your new English teacher?
　　B: Mr. Smith is very kind.　I enjoy talking with (　　) in English.
　　1　he　　　　**2**　him　　　　**3**　she　　　　**4**　her

(2) *A*: I don't want to eat anything.　I feel sick.
　　B: You should go to a (　　).
　　1　restaurant　　**2**　museum　　**3**　hospital　　**4**　airport

(3) My friend John (　　) me at five and we talked for an hour on the phone.
　　1　answered　　**2**　called　　**3**　arrived　　**4**　asked

(4) *A*: This question is too (　　) for me.　I need your help.
　　B: OK.　I'll help you.
　　1　difficult　　**2**　hungry　　**3**　useful　　**4**　early

(5) I got this cell phone four days (　　).
　　1　next　　　**2**　often　　　**3**　together　　**4**　ago

(6) Kenny made some sandwiches because he was very (　　).
　　1　hungry　　**2**　delicious　　**3**　rich　　**4**　different

(7) My sister lives in Sydney now.　I (　　) an e-mail to her every night.
　　1　visit　　　**2**　get　　　**3**　send　　　**4**　call

2

次の会話について，（　）に入れるのに最も適切なものを **1 ～ 4** の中から 1 つ選びましょう。

(1) *Daughter:* Mom, can you lend me your coat?
　　Mother: Sure.　How about this one?
　Daughter: (　　　　)　I really like it.

　1　I'm sleepy.　　　　　　　　**2**　It's easy.
　3　It's nice.　　　　　　　　　**4**　I have one.

(2) *Girl:* Do you want to have my pizza?　(　　　　)
　Boy: No, thank you.　I had enough.

　1　I speak Italian.　　　　　　**2**　I'm full.
　3　You're welcome.　　　　　　**4**　I know a new restaurant.

(3) *Boy 1:* Hi, James.　Let's play soccer together.
　Boy 2: Sorry, Ken.　(　　　　)　I'm going to do my homework there.

　1　I'm going to the library.　　**2**　I play tennis after school.
　3　I take the train to school.　**4**　I don't have a soccer ball.

3

次の日本文の意味を表すように①～⑤を並べかえて□の中に入れましょう。そして，2 番目と 4 番目にくるものの最も適切な組み合わせを **1 ～ 4** の中から 1 つ選びましょう。

(1) 私は毎週火曜日にフルートのレッスンを受けています。
　（① flute　　② every　　③ take　　④ lessons　　⑤ Tuesday ）
　I ☐ ☐(2番目) ☐ ☐(4番目) ☐ .
　1　④－②　　**2**　②－①　　**3**　①－②　　**4**　④－⑤

(2) ジュディーは今日，昼食を食べる時間がありませんでした。
　（① time　　② lunch　　③ have　　④ for　　⑤ didn't ）
　Judy ☐ ☐(2番目) ☐ ☐(4番目) ☐ today.
　1　①－②　　**2**　③－④　　**3**　⑤－④　　**4**　②－⑤

06 go, get, come の熟語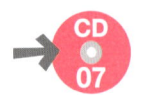

重要熟語 ①

　4級合格には，熟語の知識も欠かせません。ここでは，基本動詞の go, get, come を使った熟語を学習します。まずは，**go を使った熟語**から見ていきましょう。

　次は，**get を使った熟語**です。

- get up　　　　　　　　（起きる）
- get to school　　　　　（学校に着く）
- get on a train　　　　（電車に乗る）
- get off a train　　　 （電車を降りる）

　最後は，**come を使った熟語**をまとめて覚えましょう。

- come from Japan　　　（日本の出身である）
- come in　　　　　　　 （中に入る）
- come into the house　（家の中へ入る）
- come down　　　　　　 （下へ降りる）

　また，go, get, come は **home** や **back** と結びついて次のような意味を表します。

- go home　　（家へ帰る）
- get home　　（帰宅する）
- come home　（帰宅する）
- go back　　（戻る，帰る）
- get back　　（戻る，帰る）
- come back　（戻る，帰る）

He usually **gets home** at seven.
（彼はたいてい7時に帰宅します。）

When will she **come back**?
（彼女はいつ戻ってきますか。）

予想問題

答えは別冊3ページ

■ (　) に入れるのに最も適切なものを **1 ～ 4** から選びましょう。

(1) *A:* What's wrong?　You look sleepy.
　　B: I had a lot of homework yesterday.　I (　　) to bed late.

　　1 visited　　**2** went　　**3** lived　　**4** took

(2) *A:* When did you (　　) back to Japan, Mr. Smith?
　　B: Last week.　I enjoyed my stay in Canada.

　　1 come　　**2** make　　**3** have　　**4** visit

(3) When I (　　) home from school, my mother was listening to the radio.

　　1 waited　　**2** played　　**3** came　　**4** stayed

(4) *A:* Can you (　　) camping with me this weekend, Jack?
　　B: Sounds good!

　　1 learn　　**2** visit　　**3** move　　**4** go

(5) Judy called me when she (　　) to the airport.

　　1 had　　**2** got　　**3** visited　　**4** arrived

(6) *Girl:* What are you making?
　　Boy: Cookies.
　　Girl: They look delicious!　Can I have one?
　　Boy: (　　) You can eat as many as you like.

　　1 Thanks, but I'm full.　　**2** Sure, go ahead.
　　3 You can make them.　　**4** Of course not.

注 (1) □What's wrong? : どうしたのですか。　□sleepy : ねむい　(2) □stay : 滞在　(3) □radio : ラジオ
(4) □weekend : 週末　□Sounds good. : いいですね。　(5) □airport : 空港　(6) □cookie : クッキー
□delicious : おいしい　□as many as you like : 好きなだけたくさん

07 have, take, lookの熟語

重要熟語 ②

　今回は，have, take, look を使った熟語を学習します。どれもよく出るものばかりなので，意味をしっかり覚えておきましょう。まずは，**have を使った熟語**です。

 楽しい時を過ごす

 いい考えがある

 風邪をひいている

 昼食をとる時間がある

　右の熟語は，これから旅行などに出かける相手にかける言葉として，会話表現の中でよく使われます。

take を使った熟語は，take a picture（写真を撮る）のほかに次のようなものもあります。

- ☐ take a shower （シャワーを浴びる）
- ☐ take a bath （風呂に入る）
- ☐ take a trip to China （中国に旅行する）
- ☐ take a walk （散歩する）
- ☐ take a message （伝言を受ける）

　⇔leave a message（伝言を残す）もセットにして覚えよう。

look を使った熟語は右のものを押さえておきましょう。

- ☐ look for a pen （ペンを探す）
- ☐ look at me （私を見る）
- ☐ look like my mother （母に似ている）

予想問題

答えは別冊 3 ページ

■ (1)〜(4)は ( ) に入れるのに最も適切なものを **1〜4** から選びましょう。(5)は①〜⑤を並べかえて，☐ の中に入れ，2 番目と 4 番目にくるものの組み合わせとして最も適切なものを **1〜4** から選びましょう。

(1) *A:* Who is that man? He really (　　　) like John.
　　B: That's James. He's John's brother.

　　1 sounds　　**2** looks　　**3** watches　　**4** sees

(2) *A:* Where did you go last Sunday, Mike?
　　B: To the park. I like to (　　　) a walk there.

　　1 take　　**2** look　　**3** go　　**4** play

(3) *A:* Excuse me. I'm looking (　　　) a white blouse.
　　B: OK. How about this one?

　　1 with　　**2** for　　**3** at　　**4** like

(4) *Boy:* I'm going to a concert.
　　Girl: Wow, that's nice. (　　　)
　　Boy: Thanks. I will.

　　1 That's too bad.　　　　**2** Have fun.
　　3 I'll play at the concert.　　**4** Do you have a ticket?

(5) 私は先週，ひどい風邪をひいていました。
　　(① a　② last　③ cold　④ bad　⑤ had)

　　I ☐ ☐(2番目) ☐ ☐(4番目) ☐ week.

　　1 ②－①　**2** ①－④　**3** ②－④　**4** ①－③

注 (1) □really：本当に　(3) □blouse：ブラウス　□How about 〜？：〜はどうですか。　(4) □concert：コンサート
(5) □cold：風邪

08 そのほかの動詞の熟語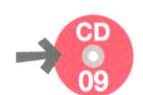

重要熟語 ③

動詞と，at, in, with のような前置詞が結びついている熟語も多いです。

「滞在する」「泊まる」
stay **at** a hotel
ホテルに泊まる 
stay **in** Canada
カナダに滞在する 
stay **with** my aunt
おばの家に泊まる

「到着する」「着く」
arrive **at** the station
駅に到着する
arrive **in** Tokyo
東京に着く

with, for, to, about と結びついた次のような熟語も覚えておきましょう。

with を使うもの
☐ talk **with** Ken （健と話す）
☐ help Ken **with** his homework
（健の宿題を手伝う）
☐ become friends **with** Ken
☐ make friends **with** Ken
（健と友達になる）

about を使うもの
☐ talk **about** Ken
（健について話す）

for を使うもの
☐ wait **for** Ken （健を待つ）
☐ leave **for** Osaka
（大阪へ向かって出発する）

to を使うもの
☐ say hello **to** Ken
（健によろしく言う）
☐ say goodbye **to** Ken
（健にさようならを言う）

on や off，up や down と結びつく動詞の熟語もあります。

turn **on** the TV
テレビをつける

turn **off** the TV
テレビを消す

hurry **up**
急ぐ

slow **down**
速度を落とす

予想問題

答えは別冊 3 ページ
[リスニング]の問題は，CDを聞きながら解答しましょう。

■ ( ) に入れるのに最も適切なものを 1 ～ 4 から選びましょう。

(1) A: Did you see my ticket anywhere?
  B: I saw it on your desk. ( ) up, Mickey. The concert starts at seven.

  1 Hurry　　2 Slow　　3 Turn　　4 Go

(2) A: What did you do during your summer vacation?
  B: I ( ) with my grandma in Nagano. I had a good time.

  1 arrived　　2 stayed　　3 lived　　4 made

(3) Andy is going to ( ) for Kyoto tomorrow.

  1 live　　2 take　　3 leave　　4 visit

(4) A: I'm not good at science. Please help me ( ) my science homework.
  B: Sure. Let's do it at the library.

  1 on　　2 about　　3 with　　4 to

(5) A: What time will the plane ( ) at the airport?
  B: Around nine.

  1 visit　　2 go　　3 arrive　　4 leave

■ [リスニング] 対話と質問を聞き，その答えとして最も適切なものを 1 ～ 4 から選びましょう。　　CD 10

(6) 1 A department store.
　　2 A cool T-shirt.
　　3 A present for Judy.
　　4 A present for Jack.

注
(1) □ticket：チケット　□anywhere：どこかで　□saw：過see（見る）　□concert：コンサート　□start：始まる
(2) □during：～の間　□vacation：休暇　□grandma：おばあちゃん　□had：過have（〈時を〉過ごす）
(3) □be going to ～：～するつもりだ　(4) □science：理科　(5) □plane：飛行機　□airport：空港　□around：約，だいたい
(6) □present：プレゼント　□cool：すてきな，かっこいい　□department store：デパート

031

09 形容詞を使った熟語

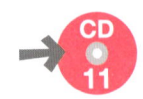

重要熟語 ④

good, late のような**形容詞のあとに前置詞が続いた熟語**もよく出されます。

Jane is good at cooking.
ジェーンは料理が得意です。

Jane was late for school yesterday.
ジェーンは昨日学校へ遅れました。

Are you ready for school?
学校の準備はできていますか。

Are you ready to go?
出かける準備はできていますか。

Ken is kind to old people.
健はお年寄りに親切です。

I was sick in bed.
私は病気で寝ていました。

このような熟語は，be動詞と使われることが多いです。

次のような**数や量などに関連する熟語**も覚えておきましょう。

- □ a lot of 〜 ┐
- □ lots of 〜 ┘ (たくさんの〜)
- □ I have a lot of friends. (私には友達がたくさんいます。)
- □ a glass of 〜 (コップ1杯の〜)
- □ a cup of 〜 (カップ1杯の〜)
- □ a member of 〜 (〜の一員)
- □ I'm a member of the tennis team. (私はテニス部の一員です。)

a lot of water (たくさんの水) ← a glass of water (コップ1杯の水)

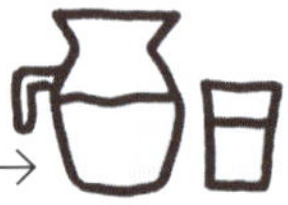

予想問題

答えは別冊4ページ

■ (1)～(5)は ( ) に入れるのに最も適切なものを **1**～**4** から選びましょう。(6)は①～⑤を並べかえて，□の中に入れ，2番目と4番目にくるものの組み合わせとして最も適切なものを **1**～**4** から選びましょう。

(1) A: Are you ( ) to order?
    B: Yes. I'll have spaghetti.

   1 good   **2** ready   **3** late   **4** sorry

(2) A: Excuse me. I'd like a ( ) of tea, please.
    B: All right. Here you are.

   1 number   **2** any   **3** some   **4** cup

(3) My brother is ( ) at playing tennis. He wants to be a professional tennis player.

   1 popular   **2** famous   **3** good   **4** kind

(4) There were a ( ) of flowers around the lake.

   1 cup   **2** lot   **3** little   **4** many

(5) A: Why are you late ( ) class?
    B: Sorry, Ms. Jones. I overslept.

   1 at   **2** with   **3** to   **4** for

(6) 私は昨日は，病気で寝ていました。

   (① bed   ② sick   ③ in   ④ I   ⑤ was)

   □ □2番目 □ □4番目 □ yesterday.

   1 ①−④   **2** ②−④   **3** ⑤−③   **4** ③−④

注 (1) □order：注文する □spaghetti：スパゲッティ (2) □I'd like ～.：～がほしい。 □tea：紅茶 □All right.：いいですよ。 □Here you are.：はい，どうぞ。 (3) □professional：プロの □player：選手 (4) □around：～の周りに □lake：湖 (5) □class：授業 □overslept：過 oversleep（寝坊する）

033

10 「時」「場所」を表す熟語

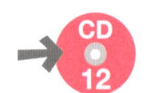

重要熟語 ⑤

「時」や「場所」を表す熟語は，**前置詞**に注意して覚えるとよいでしょう。まずは，**「時」を表す熟語**を確認しましょう。

ほかには，**right now（すぐに）** などもよく出されます。

次は，**「場所」を表す熟語**です。

from A to B は「A から B まで」という意味で，「時」と「場所」の両方を表します。

ほかには，右のような熟語もよく出されます。意味を覚えておきましょう。

- □ **for example** （例えば）
- □ **both A and B** （A も B も両方とも）
- □ **what kind of ～** （どんな種類の～）

予想問題

答えは別冊 4 ページ

■ (1)～(4)は ( ) に入れるのに最も適切なものを **1** ～ **4** から選びましょう。(5)は①～⑤を並べかえて，☐ の中に入れ，2 番目と 4 番目にくるものの組み合わせとして最も適切なものを **1** ～ **4** から選びましょう。

(1) A: What do you want to be in the ( )?
    B: I want to be a singer.

   1 time   **2** future   **3** day   **4** tomorrow

(2) A: This book is very interesting. Did you read it?
    B: Of course. It's popular all ( ) the world.

   1 to   **2** in   **3** over   **4** with

(3) A: Let's play soccer together.
    B: Sorry, Tom. I must go home ( ) once.

   1 on   **2** at   **3** to   **4** in

(4) A: What ( ) of animals do you like?
    B: I like pandas very much.

   1 different   **2** favorite   **3** popular   **4** kind

(5) あの店の前にいる女性は私の母です。

   (① in   ② is   ③ of   ④ that store   ⑤ front)

   The woman ☐ ☐(2番目) ☐ ☐(4番目) ☐ my mother.

   1 ①-③   **2** ②-④   **3** ④-①   **4** ⑤-④

注 (1) □be：～になる □singer：歌手 (2) □interesting：おもしろい □Of course：もちろん □popular：人気がある
(3) □together：いっしょに □must：～しなければならない (4) □animal：動物 □panda：パンダ

もっと！4級の重要単語・熟語 ②

（このページはCDには対応していません。）

動詞を使った熟語　意味と使い方を例文で確認しましょう。

☐ **catch a cold**　風邪をひく
　He didn't catch a cold this year.
　彼は今年，風邪をひきませんでした。

☐ **give up**　あきらめる
　Don't give up.
　あきらめてはいけません。

☐ **have a hard time**　つらい経験をする
　I had a hard time in math class.
　私は数学の授業でつらい時間を過ごしました。

☐ **listen to ～**　～を聞く
　I listen to the radio every morning.
　私は毎朝ラジオを聞きます。

☐ **play catch**　キャッチボールをする
　I played catch with my brother.
　私は弟とキャッチボールをしました。

☐ **speak to ～**　～に話しかける
　May I speak to Amy?
　[電話で] エイミーと話せますか。

☐ **take care of ～**　～の世話をする
　Who takes care of your dog?
　だれが犬の世話をしているのですか。

☐ **talk to ～**　～に話しかける
　Did you talk to him in English?
　あなたは彼に英語で話しかけましたか。

☐ **wake up**　目が覚める
　I can't wake up early in the morning.
　私は朝早くは起きられません。

☐ **write to ～**　～に手紙を書く
　He writes to me every month.
　彼は毎月，私に手紙を書いてくれます。

「時」を表す熟語　意味と使い方を例文で確認しましょう。

☐ **after school**　放課後
　I play soccer after school.
　私は放課後サッカーをします。

☐ **all day**　一日中
　I stayed at home all day.
　私は一日中家にいました。

☐ **at first**　最初は，初めは
　I didn't speak English well at first.
　私は最初は英語がうまく話せませんでした。

☐ **one day**　ある日
　One day, my old friend visited me.
　ある日，古い友人が私を訪ねてきました。

☐ **right now**　今すぐに
　You must go home right now.
　あなたは今すぐに家に帰らなければなりません。

☐ **the other day**　先日
　I met John at the stadium the other day.
　先日，私は競技場でジョンに会いました。

そのほかの熟語　意味をまとめて確認しましょう。

- ☐ be full of ～　　～でいっぱいである
- ☐ at last　　ついに，とうとう
- ☐ once again　　もう一度
- ☐ be interested in ～　　～に興味がある
- ☐ by the way　　ところで
- ☐ more and more　　ますます

前置詞　名詞の前に置いて使われ，場所や時などの情報をつけ加える働きをする語を前置詞といいます。

▶ in, at, on の使い分け

【時】
- 【時刻】at six　6時に
- 【夜】at night　夜に
- 【月】in July　7月に
- 【季節】in summer　夏に
- 【日付】on May 5　5月5日に
- 【曜日】on Monday　月曜日に

【場所】
- at the station　駅（のところ）で
- in the box　箱の中に
- in America　アメリカに
- on the table　テーブルの上に
- on the wall　壁に

▶ いろいろな前置詞

- ☐ across the street　　通りの向こうに
- ☐ among young girls　　若い女の子の間で
- ☐ around 5:00　　5時ごろに
- ☐ by bus　　バスで
- ☐ during the summer　　夏の間
- ☐ under the chair　　いすの下に
- ☐ after work　　仕事のあと
- ☐ around the lake　　湖の周りに
- ☐ before breakfast　　朝食前に
- ☐ by 5:00　　5時までに
- ☐ near my house　　家の近くに
- ☐ with my family　　家族といっしょに

予想テスト

答えは別冊 4 ページ

いろいろな熟語・前置詞

1 次の（　）に入れるのに最も適切なものを 1 〜 4 の中から 1 つ選びましょう。

(1) A: What kind of sports do you like?
　　B: I like ball games very much, (　　) example, baseball and soccer.
　　1 to　　　**2** for　　　**3** with　　　**4** of

(2) A: I'm going to go to L.A. next week.
　　B: Sounds nice. (　　) a nice trip.
　　1 Travel　　**2** Go　　**3** Come　　**4** Have

(3) There was a supermarket (　　) this street a long time ago.
　　1 across　　**2** over　　**3** above　　**4** with

(4) A: What are you going to do (　　) the summer vacation?
　　B: I'm going to visit my grandparents in Osaka.
　　1 between　　**2** during　　**3** among　　**4** from

(5) Jack drinks a (　　) of water every morning.
　　1 plate　　**2** bag　　**3** dish　　**4** glass

(6) A: Do you know the new English teacher?　Where does he (　　) from?
　　B: He's Canadian.　But he lived in America when he was in college.
　　1 come　　**2** live　　**3** take　　**4** go

(7) Her song is getting more (　　) more popular in Japan.
　　1 than　　**2** or　　**3** but　　**4** and

2

次の会話について，（　）に入れるのに最も適切なものを **1 ～ 4** の中から１つ選びましょう。

(1) 　　*Son:* I can't ride my bike well.
　　　　Father: (　　　　), you can do it.　Try again.
　　1　By the way　　　　　　　　**2**　Good idea
　　3　Sounds good　　　　　　　**4**　Don't give up

(2) *Mother:* Go to bed now, Eric.　(　　　　)
　　　　Son: Can I watch this TV program until the end?　It's just a few more minutes.
　　1　Do your homework.　　　　**2**　Call your friend.
　　3　Turn off the TV.　　　　　　**4**　Let's go to see a movie.

(3) *Boy:* Hello, this is Bill.　Can I speak to Jiro, please?
　　Girl: Sorry, he is out now.　(　　　　)
　　Boy: I'll call back later, thanks.
　　1　Can I leave a message?　　**2**　Can I take a message?
　　3　Have a nice weekend.　　　**4**　He has a new cell phone.

3

次の日本文の意味を表すように①～⑤を並べかえて□の中に入れましょう。そして，２番目と４番目にくるものの最も適切な組み合わせを **1 ～ 4** の中から１つ選びましょう。

(1) あなたは彼とすぐに友達になりましたか。
　（① him　　② become　　③ friends　　④ you　　⑤ with ）
　Did □ □(2番目) □ □(4番目) □ quickly?
　1　②-⑤　　**2**　⑤-②　　**3**　②-③　　**4**　⑤-④

(2) 私は昨夜，妹の宿題を手伝いました。
　（① her　　② with　　③ helped　　④ homework　　⑤ my sister ）
　I □ □(2番目) □ □(4番目) □ last night.
　1　⑤-①　　**2**　①-⑤　　**3**　①-②　　**4**　⑤-②

11 過去の文

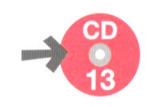

一般動詞の過去の文

「私は昨日〜しました」のように過去のことを言うときには，動詞を**過去形**にします。たいていの動詞は，ed をつければ過去形になります。4級では過去の文は必出ですよ。

現在形 I play baseball. 私は野球をします。
これは「ふだんのこと」を言う文だね

過去形 I **played** baseball yesterday.
動詞にedをつける！

18ページで学習したような過去の「時」を表す語句があれば，過去の文と考えましょう。

〜ed の形にならない**不規則動詞**(ふきそく)もあります。1語1語確実に覚えるようにしましょう。

よく出る不規則動詞

□buy（買う）	⇒bought	□have（持っている）	⇒had
□catch（捕る）	⇒caught	□know（知っている）	⇒knew
□draw（〈絵を〉かく）	⇒drew	□make（作る）	⇒made
□find（見つける）	⇒found	□say（言う）	⇒said
□give（与える）	⇒gave	□see（見る）	⇒saw
□go（行く）	⇒went	□tell（言う）	⇒told
		□teach（教える）	⇒taught

否定文と疑問文の作り方も確認しておきましょう。

どちらも **did** を使い，**動詞はもとの形（原形(げんけい)）**にすることに注意しましょう。

否定文 I **didn't** play baseball. 私は野球をしませんでした。
動詞の前にdidn'tを入れる
どちらも原形

疑問文 **Did** you **play** baseball? あなたは野球をしましたか。
Didで文を始めるよ

予想問題

答えは別冊5ページ

■ (1)～(4)は（　）に入れるのに最も適切なものを **1**～**4** から選びましょう。(5)は①～⑤を並べかえて、▢ の中に入れ、2番目と4番目にくるものの組み合わせとして最も適切なものを **1**～**4** から選びましょう。

(1) We went to Odawara on a school trip last Friday.　My friends and I visited Odawara Castle and (　　) pictures there.

　　1 draw　　**2** drawing　　**3** to draw　　**4** drew

(2) *A*: Did Mr. Honda (　　) at Narita Airport this morning?
　　B: Yes.　He got there at ten.

　　1 arrive　　**2** arrived　　**3** arriving　　**4** arrives

(3) *A*: Where did you go last weekend?
　　B: I went to the lake with my father.　We (　　) a lot of fish there.

　　1 caught　　**2** taught　　**3** made　　**4** drew

(4) I (　　) to the concert hall by taxi because it was snowing heavily.

　　1 saw　　**2** went　　**3** worried　　**4** arrived

(5) 祖父は私にこの町の歴史について話してくれました。

　　（ ① the history　② told　③ about　④ me　⑤ of ）

　　My grandfather ▢ ▢(2番目) ▢ ▢(4番目) ▢ this town.

　　1 ④-①　　**2** ①-⑤　　**3** ①-③　　**4** ④-⑤

注：(1) □school trip：遠足　□last ~：この前の~　□Odawara Castle：小田原城　(2) □airport：空港　□got：過get（着く）　□arrive：到着する　(3) □weekend：週末　□fish：魚　(4) □concert hall：コンサートホール　□by taxi：タクシーで　□because：なぜならば、～なので　□snow：雪が降る　□heavily：激しく　(5) □history：歴史　□grandfather：祖父

12 was, wereの文

be動詞の過去の文・過去進行形

過去のことを言うときは動詞を**過去形**にしますが，これは am, are, is の be 動詞の文の場合も同じです。be 動詞の過去形は，**was** と **were** の2つだけです。

I was busy yesterday.
She was busy yesterday.
〜は昨日忙しかった。

主語がIや3人称単数ならwas!

You were tired last night.
あなたは昨夜，疲れていました。

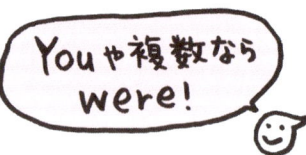

Youや複数ならwere!

was, were のあとに動詞の ing 形を続けると，「(そのとき) 〜しているところでした」のように，過去のある時点である動作が進行中だったことを表すことができます。

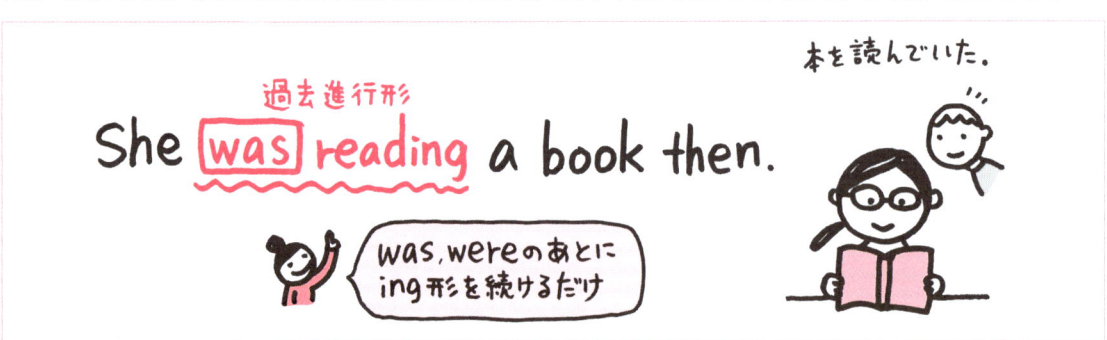

過去進行形
She was reading a book then.

本を読んでいた。

was, wereのあとにing形を続けるだけ

否定文は was, were のあとに not を入れ，疑問文は Was, Were で文を始めます。

また，「何をしていたのですか」は，What was[were] 〜 doing? でたずねます。動詞の ing 形を使って，していたことを答えます。

What were you doing?
何してたの？
勉強だよ。マンガ
I was studying.

予想問題

答えは別冊 5 ページ
［リスニング］の問題は，CD を聞きながら解答しましょう。

■ (1)〜(3)は（ ）に入れるのに最も適切なものを **1〜4** から選びましょう。(4)は①〜⑤を並べかえて，☐ の中に入れ，2番目と4番目にくるものの組み合わせとして最も適切なものを **1〜4** から選びましょう。

(1) My sister and I (　　) hungry last night.

 1 am   **2** are   **3** was   **4** were

(2) I was (　　) on the phone then.

 1 talk   **2** talked   **3** talking   **4** to talk

(3) *Girl:* Did you enjoy Judy's birthday party?
 Boy: Yes. (　　　) There were many people.

 1 I didn't go there.   **2** It was a lot of fun.
 3 I wasn't at home.   **4** Her birthday is tomorrow.

(4) あなたは昨日の夜は部屋で何をしていたのですか。

 (① doing   ② your room   ③ you   ④ in   ⑤ were)

What ☐ ☐[2番目] ☐ ☐[4番目] ☐ last night?

 1 ③−①   **2** ⑤−④   **3** ③−④   **4** ①−②

■ ［リスニング］イラストを参考にしながら対話と応答を聞き，最も適切な応答を **1〜3** から選びましょう。　**CD 15**

(5)

 1
 2
 3

注　(1) □hungry：空腹な　(2) □on the phone：電話で　□then：そのとき　(3) □birthday：誕生日　□party：パーティー　□a lot of fun：とても楽しい（こと）　(5) □see：見る，会う　□math：数学　□homework：宿題　□classroom：教室

13 will, be going to の文

未来を表す文

「明日は〜するつもりです」のように，未来のことを言うときは，**be going to** を使います。be は**主語に合わせて am, are, is を使い分けます**。未来の表現も 4 級必出ですよ。

```
未来を表す          動詞は原形
I [am going to] go shopping tomorrow.

I のときは am
Ken, She などのときは is
You や複数のときは are
```
（いいな〜／明日，買い物に行くの）

否定文（「〜するつもりはありません」「〜しないでしょう」）は be 動詞のあとに not を入れ，疑問文（「〜するつもりですか」「〜しますか」）は be 動詞で文を始めます。

「あなたは何をするつもりですか」は，What are you going to do? とします。

```
[What] are you going to do tomorrow?
```
（明日は何するつもり？）

```
I'm going to go swimming.
```
（泳ぎに行くの。）

未来のことは will を使っても表すことができます。「〜します」「〜するでしょう」などの意味です。will は**動詞の前**に入れますが，主語に関係なく動詞は**原形**を使うことに注意しましょう。

```
             動詞は原形
She [will] be a good singer.
   〜するだろう 動詞
```
（彼女はいい歌手になるよ。／上手！）

will のあとに not を入れると「〜しません」「〜しないでしょう」という否定文に，**Will で文を始める**と「〜しますか」「〜するでしょうか」という疑問文になります。

予想問題

答えは別冊5ページ

■ (1)〜(4)は（　）に入れるのに最も適切なものを 1〜4 から選びましょう。(5)と(6)は ①〜⑤を並べかえて，☐ の中に入れ，2番目と4番目にくるものの組み合わせとして最も適切なものを 1〜4 から選びましょう。

(1) David and I (　　) going to watch a baseball game next Sunday.

　　1 am　　　**2** are　　　**3** is　　　**4** was

(2) *A*: Oh, no.　I forgot my purse.
　　B: Don't worry.　I (　　) lend you some money.

　　1 am　　　**2** did　　　**3** will　　　**4** should

(3) Mike was sick yesterday.　So he won't (　　) to school today.

　　1 came　　　**2** comes　　　**3** come　　　**4** coming

(4) She (　　) going to run in the park next weekend.

　　1 isn't　　　**2** didn't　　　**3** doesn't　　　**4** weren't

(5) 今度の日曜日は何をする予定ですか。

　　(① going to　② do　③ what　④ you　⑤ are)

　　☐ ☐[2番目] ☐ ☐[4番目] ☐ next Sunday?

　　1 ②-①　　**2** ⑤-②　　**3** ⑤-①　　**4** ②-④

(6) 私の祖母は来月80歳になります。

　　(① be　② will　③ next　④ eighty　⑤ my grandmother)

　　☐ ☐[2番目] ☐ ☐[4番目] ☐ month.

　　1 ①-④　　**2** ②-④　　**3** ②-⑤　　**4** ①-②

注　(1) □watch：見る　□game：試合　(2) □forgot：過 forget（忘れる）　□purse：財布　□worry：心配する　□lend：貸す　□money：お金　(3) □sick：病気で　□won't：will not の短縮形　(4) □run：走る　(6) □be：〜になる　□grandmother：祖母

14 「～しなければならない」の文

have to, must の使い方

「～しなければならない」と言うときには，動詞の前に **have to** を入れます。主語が He, She, Mike など3人称単数のときは，**has to** を使います。

I **have to** clean my room.
私は部屋を掃除しなければなりません。

動詞は原形

主語が…
I, You, 複数のときは **have to**
He, She など3人称単数のときは **has to**

否定文は **don't，doesn't** を have to の前に入れます。疑問文は **Do，Does** で文を始めます。

否定文 Ken **doesn't** have to clean the room.
健は部屋を掃除する必要はありません。
have to の前に
いつでも have to

疑問文 **Does** Ken have to clean the room?
健は部屋を掃除しなければなりませんか。
Does で始めるよ

否定文は，「～する必要はない」「～しなくてもよい」という意味になります。

「～しなければならない」は，助動詞の **must** を使っても表すことができます。must も動詞の前に入れます。

must は主語が3人称単数のときでも**形は変わらず**，続く動詞はいつも**原形**です。

She **must** do her homework.
～しなければならない

だから出かけられないの
宿題が…

予想問題

答えは別冊6ページ

■ (1)～(3)は（ ）に入れるのに最も適切なものを**1～4**から選びましょう。(4)と(5)は①～⑤を並べかえて，□の中に入れ，2番目と4番目にくるものの組み合わせとして最も適切なものを**1～4**から選びましょう。

(1) *A*: Did you hand in your essay?
　　B: Not yet.　I (　　) finish it by Wednesday.

　　1　am　　**2**　must　　**3**　am going　　**4**　did

(2) Ken has (　　) his mother after school today.

　　1　helped　　**2**　helps　　**3**　helping　　**4**　to help

(3) *Boy*: Cindy, how about playing tennis this afternoon?
　　Girl: Sorry, I can't.　(　　)

　　1　You'll be a good tennis player.　**2**　See you at the park.
　　3　I want a new racket.　　　　　　**4**　I must stay home today.

(4) 私は毎日，ピアノを練習しなければなりませんか。
　　(① I　　② the piano　　③ do　　④ practice　　⑤ have to)

　　□ □2番目 □ □4番目 □ every day?

　　1　④－⑤　　**2**　④－①　　**3**　①－⑤　　**4**　①－④

(5) アンナ，あなたは今日はかさを持っていく必要はありません。
　　(① have　　② take　　③ don't　　④ your umbrella　　⑤ to)

　　Anna, you □ □2番目 □ □4番目 □ with you today.

　　1　⑤－②　　**2**　①－②　　**3**　②－①　　**4**　③－⑤

注 (1)☐hand in：提出する　☐essay：作文　☐not yet：まだ～ない　☐by：～までに　(2)☐after school：放課後
　 (3)☐How about ～ing?：～するのはどうですか。　☐player：選手　☐racket：ラケット　☐stay home：家にいる
　 (4)☐practice：練習する　(5)☐take：持っていく　☐umbrella：かさ

15 to＋動詞の原形，動名詞

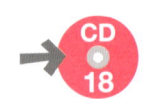

不定詞，動名詞（動詞の ing 形）の使い方

「私は**勉強するために**図書館へ行きました。」のように言うときには，〈**to＋動詞の原形**〉の形を使います。

〈to＋動詞の原形〉は，「**〜するために**」という意味で，目的などの情報を文にプラスする働きをします。

I **went** to the library **to study**.
行った　　　　　　　　　　勉強するために
がんばるぞ

〈to＋動詞の原形〉は，「**〜するための**」「**〜するべき**」という意味も表します。

前の名詞に後ろから説明を付け加える働きをします。

I have a lot of **homework to do**.
　　　　　　　　　宿題　　　するべき
私はするべき宿題がたくさんあります。
テレビ見たいのに…

また，〈to＋動詞の原形〉は「**〜すること**」という意味も表します。「歌うことが好き」「アメリカに行きたい」などと言うときは，like や want のあとに〈**to＋動詞の原形**〉を続けます。like の場合は**動名詞**（動詞の ing 形）を使って同じ内容を表すことができます。

〜するのが好き
I **like to sing**.
　　　　歌うこと

同じ意味だよ
I **like singing**.
　　　　歌うこと

〜したい
I **want to go** to America.
　　　　　　　アメリカに行きたい

ダメ!! ✗ want 〜ing とはしないよ

want に続くのは〈**to＋動詞の原形**〉だけ，**enjoy**（〜するのを楽しむ），**finish**（〜し終える），**stop**（〜するのをやめる）には**動名詞だけ**ということも覚えておきましょう。

予想問題

答えは別冊6ページ
［リスニング］の問題は，CDを聞きながら解答しましょう。

■ (1)〜(3)は（　）に入れるのに最も適切なものを 1 〜 4 から選びましょう。(4)は①〜⑤を並べかえて，☐ の中に入れ，2番目と4番目にくるものの組み合わせとして最も適切なものを 1 〜 4 から選びましょう。

(1) My sister and I went to the zoo (　　) pandas.

 1 saw   **2** to see   **3** seeing   **4** see

(2) *A:* Did you finish (　　) the dishes?
 B: Yes.　What shall I do next, Mom?

 1 wash   **2** to wash   **3** washing   **4** washed

(3) *A:* What country do you (　　) to go to?
 B: Italy !　I love pizza.

 1 live   **2** enjoy   **3** want   **4** stop

(4) 何か冷たい飲みものはありますか。

 (① cold　② to　③ have　④ drink　⑤ something)

 Do you ☐ ☐(2番目) ☐ ☐(4番目) ☐ ?

 1 ⑤－②   **2** ①－②   **3** ③－①   **4** ②－⑤

■ ［リスニング］英文と質問を聞き，最も適切な答えを 1 〜 4 から選びましょう。　**CD 19**

(5) 1 Take piano lessons.
 2 Play the violin.
 3 Try the piano.
 4 Look for a new violin.

注
(1) □went：過go（行く）　□zoo：動物園　□panda：パンダ　(2) □finish：終える　□dish：皿
(3) □Italy：イタリア　□pizza：ピザ　(4) □drink：飲む　□something：何か
(5) take 〜 lessons：〜のレッスンを受ける　□musical instrument：楽器　□look for 〜：〜を探す　□violin：バイオリン

049

もっと！4級の重要単語・熟語 ③

（このページはCDには対応していません。）

助動詞　いろいろな助動詞の意味と使い方を確認しましょう。

☐ can	～できる （可能）	I can run fast. 私は速く走ることができます。
☐ will	～だろう （未来） ～するつもりだ （意志）	It will be rainy tomorrow. 明日は雨でしょう。 The phone is ringing. ― I'll answer it. 電話が鳴っていますよ。― 私が出ます。
☐ may	～してもよい （許可）	May I see your passport? パスポートを見せていただけますか。
☐ must	～しなければならない （義務）	I must be home at six today. 私は今日は6時に家にいなければなりません。
☐ shall	〈疑問文で〉～しましょうか （申し出，提案）	Shall I carry your baggage? あなたの荷物を持ちましょうか。
☐ should	～すべきである， ～したほうがよい （義務，提案）	You should watch this movie. あなたはこの映画を見るべきです。

> canやwillには過去形もあります。canの過去形はcouldで，willの過去形はwouldとなります。

have to ～ と be going to ～

have to ～やbe going to ～は助動詞と同じような働きをします。

☐ have to ～	～しなければならない （義務）	I have to use English there. 私はそこでは英語を使わなければなりません。 He has to go home now. 彼はもう家に帰らなければなりません。
☐ be going to ～	～するつもりだ （未来）	I am going to play tennis tomorrow. 私は明日はテニスをするつもりです。

be happy to ～ など

〈to＋動詞の原形〉は「～してうれしい」などのように，その気持ちになった原因を表すときにも使われます。

☐ be happy to ～	～してうれしい	I'm happy to see you. あなたにお会いできてうれしいです。
☐ be glad to ～	～してうれしい	I'm glad to be with you. あなたとごいっしょできてうれしいです。
☐ be surprised to ～	～して驚く	I was surprised to know that. 私はそれを知って驚きました。
☐ be sad to ～	～して悲しい	I was sad to hear the news. 私はその知らせを聞いて悲しかった。

不定詞と動名詞

動詞によって〈to＋動詞の原形〉しか続かないもの，動名詞しか続かないもの，また両方続くものがあります。

▶〈to＋動詞の原形〉しか使えないもの

☐ ～したい　　　want to ～　　　　☐ ～することを望む　hope to ～
☐ ～しようと決心する　decide to ～

　（例）I want to go to Paris someday.（私はいつかパリへ行きたいです。）
　　　　× I want going ～. とはしません。

▶動名詞しか使えないもの

☐ ～して楽しむ　　enjoy ～ing　　　　☐ ～し終える　　finish ～ing
☐ ～するのをやめる　stop ～ing

　（例）I enjoyed playing tennis yesterday.（私は昨日，テニスをして楽しみました。）
　　　　× I enjoyed to play ～. とはしません。

▶〈to＋動詞の原形〉，動名詞の両方とも使えるもの

☐ ～するのが好きだ　{ like to ～ / like ～ing }　　☐ ～するのが大好きだ　{ love to ～ / love ～ing }
☐ ～し始める　{ begin to ～ / begin ～ing }　　☐ ～し始める　{ start to ～ / start ～ing }

　（例）I like to write poems.
　　　　I like writing poems.（私は詩を書くのが好きです。）

予想テスト

答えは別冊 6 ページ
［リスニング］の問題は，CD を聞きながら解答しましょう。

過去・未来・助動詞・不定詞・動名詞

1 次の（ ）に入れるのに最も適切なものを 1 ～ 4 の中から 1 つ選びましょう。

(1) A: How was your weekend, Emily?
　　B: I had a good time. I enjoyed (　　) with my friends.
　　1 to talk　　**2** talking　　**3** talked　　**4** talk

(2) A: Where were you, Yuta? Mom was looking for you.
　　B: I (　　) in the yard. I was washing the dog.
　　1 be　　**2** am　　**3** was　　**4** were

(3) The bus (　　) for Yokohama three minutes ago.
　　1 leaves　　**2** left　　**3** will leave　　**4** to leave

(4) A: Hi, Amy. I called you last night.
　　B: Sorry, Karen. I was (　　) a bath then.
　　1 takes　　**2** taking　　**3** took　　**4** to take

2 次の会話について，（ ）に入れるのに最も適切なものを 1 ～ 4 の中から 1 つ選びましょう。

(1) Student: Mr. Smith, must I finish my report now?
　　Teacher: (　　) Bring it to me by Friday.
　　1 Yes, I must do it.　　**2** You can study here.
　　3 No, you don't have to.　　**4** I should read your report.

(2) *Girl:* What are you going to do this summer?
   Boy: (　　　) I can't wait.
   1　I visited my grandparents.　2　I didn't have anything to do.
   3　I'm going abroad with my family.　4　I don't like summer.

(3) *Boy 1:* I didn't do well in my science test.
   Boy 2: (　　　) Billy.　Let's study together.
   1　You should study harder,　2　You're good at math,
   3　I must go home now,　4　It'll be sunny tomorrow,

3
次の日本文の意味を表すように①〜⑤を並べかえて□の中に入れましょう。そして，2番目と4番目にくるものの最も適切な組み合わせを 1〜4 の中から1つ選びましょう。

(1) 来週，姉がパリから戻ってきます。
   (① back　② from　③ will　④ come　⑤ Paris)
   My sister □ □(2番目) □ □(4番目) □ next week.
   1　④−①　2　④−②　3　①−②　4　①−⑤

(2) サリーは新しい髪型を確かめるために鏡を見ました。
   (① the mirror　② check　③ to　④ looked in　⑤ her)
   Sally □ □(2番目) □ □(4番目) □ new hairstyle.
   1　③−④　2　⑤−①　3　②−③　4　①−②

4
[リスニング] 対話と質問を聞き，その答えとして最も適切なものを 1〜4 の中から1つ選びましょう。

(1)　1　Make a dog house.　　(2)　1　A vet.
    2　Use the hammer.　　　　　2　A doctor.
    3　Bring red paint.　　　　　3　A teacher.
    4　Cut the tree.　　　　　　4　A singer.

16 文と文をつなぐ語

いろいろな接続詞

　when は「いつ？」とたずねる疑問文で使いましたね。この when には別の働きもあります。この when のあとに主語と動詞の文を続けると，**「〜するとき」**という意味で**文と文をつなぐ役目**をします。

It was raining **when I got up**.

「〜のとき」
具体的にいつのことかを表す。
「とき」について言うときはwhenを使う
雨だ…
私が起きたとき，雨が降っていました。

when 〜 の部分が最初にきて，When I got up, it was raining. とすることもできます。

　if や because も同じように文と文をつなぐ働きをします。**if** は**「もし〜ならば」**という意味で条件を表し，**because** は**「〜なので，〜だから」**という意味で理由を表します。

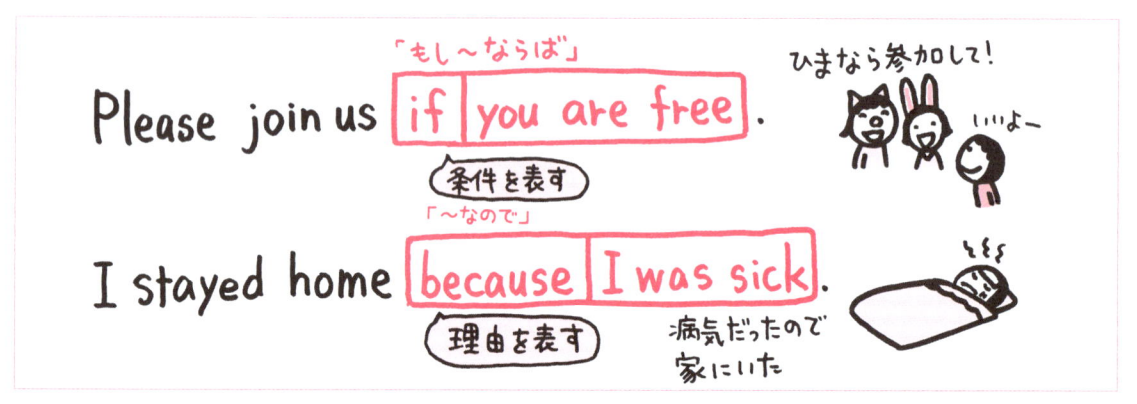

Please join us **if you are free**.
「もし〜ならば」
条件を表す
ひまなら参加して！
いいよー

I stayed home **because I was sick**.
「〜なので」
理由を表す
病気だったので家にいた

　ほかには，after や before にも文と文をつなぐ働きがあります。**after** は**「〜したあとに」**，**before** は**「〜する前に」**という意味です。

Wash your hands **before** you eat dinner.
〜する前に
洗ってきなさい！

予想問題

答えは別冊7ページ

■ (1)と(2)は（　）に入れるのに最も適切なものを**1〜4**から選びましょう。(3)〜(5)は①〜⑤を並べかえて，□の中に入れ，2番目と4番目にくるものの組み合わせとして最も適切なものを**1〜4**から選びましょう。

(1) *A*: Let's play tennis (　　) you finish your homework.
　　B: Sounds good.　I'll finish in about 30 minutes.

　　1　because　　**2**　before　　**3**　that　　**4**　after

(2) *A*: Can you lend me your glove (　　) you're not using it?
　　B: Sure.　But please return it by Friday.

　　1　before　　**2**　after　　**3**　if　　**4**　that

(3) 空港に着いたら，私に電話をしてください。
　　(① call　　② arrive　　③ me　　④ when　　⑤ you)
　　Please □ □[2番目] □ □[4番目] □ at the airport.

　　1　②-①　　**2**　⑤-③　　**3**　④-②　　**4**　③-⑤

(4) 私は明日テストがあるので，勉強をしているところです。
　　(① studying　　② have　　③ because　　④ I　　⑤ am)
　　I □ □[2番目] □ □[4番目] □ a test tomorrow.

　　1　③-⑤　　**2**　①-④　　**3**　④-⑤　　**4**　⑤-②

(5) シンディーは教室に入る前に深呼吸をしました。
　　(① she　　② the classroom　　③ into　　④ before　　⑤ went)
　　Cindy took a deep breath □ □[2番目] □ □[4番目] □ .

　　1　⑤-②　　**2**　⑤-③　　**3**　①-③　　**4**　①-②

注 (1) □finish：終える，終わる　□sound：〜のように聞こえる　(2) □lend：貸す　□glove：グローブ　□return：返す　□by：〜までに　(3) □call：電話をする　□when：〜するとき　□airport：空港　(4) □test：テスト　(5) □classroom：教室　□take a deep breath：深呼吸する

17 比べる言い方

比較の文 ①

2つを比べて、「より背が高い」「より速く走る」のように言うときは、tall, fastではなく、**最後に er** をつけた taller, faster の形を使います。この形を比較級と言います。

Tom is tall**er** than Ken.
トムはもっと背が高い　健よりも

I run fast**er** than Misa.
私はもっと速く走る　美佐よりも

erの語のあとに than + 比べる相手 (物) をつけるよ!

また、3つ以上を比べて、「いちばん背が高い」「いちばん速く走る」のように言うときは、**最後に est** をつけた tallest, fastest の形を使います。この形を最上級と言います。

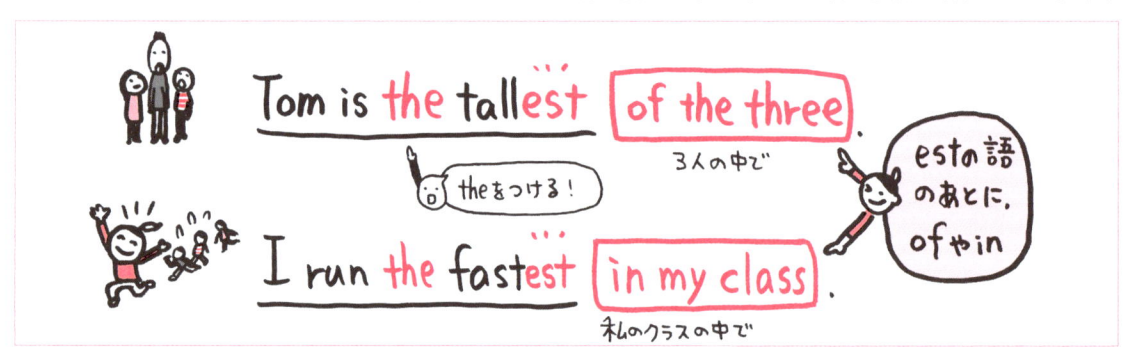

Tom is **the** tall**est** of the three.
3人の中で

theをつける!

I run **the** fast**est** in my class.
私のクラスの中で

estの語のあとに、of や in

よく出る比較級・最上級を確認しましょう。famous(有名な)のように前にmore, mostをつける語や、good(よい)のようにbetter, bestと不規則に変化するものは要注意です。

原級 ← er, est のつかないもとの形	比較級	最上級
□ old (古い、年をとった)	old**er**	old**est**
□ long (長い、長く)	long**er**	long**est**
□ hard (熱心に)	hard**er**	hard**est**
□ difficult (難しい)	**more** difficult	**most** difficult
□ popular (人気のある)	**more** popular	**most** popular
□ slowly (ゆっくりと)	**more** slowly	**most** slowly
□ good (よい) / well (上手に)	better	best
□ many (多数の) / much (多量の)	more	most

予想問題

答えは別冊7ページ

■ (1)～(5)は（　）に入れるのに最も適切なものを **1～4** から選びましょう。(6)は①～⑤を並べかえて，□の中に入れ，2番目と4番目にくるものの組み合わせとして最も適切なものを **1～4** から選びましょう。

(1) Horyuji is the (　) wooden building in the world.

 1 old   **2** older   **3** oldest   **4** much old

(2) This new car runs faster (　) that old one.

 1 of   **2** than   **3** before   **4** as

(3) A: You have a lot of books, Jason.
 B: I like reading.　I have (　) books than my brother.

 1 many   **2** more   **3** most   **4** best

(4) A: Mr. Smith, could you speak (　) slowly?
 B: OK, Kumi.

 1 too   **2** many   **3** more   **4** most

(5) Jane knows about Japanese culture (　) than her friend Taro.

 1 well   **2** better   **3** best   **4** many

(6) このDVDはこの店でいちばんおもしろい。

 (① is   ② the most   ③ in   ④ this DVD   ⑤ interesting)

 □ □(2番目) □ □(4番目) □ this shop.

 1 ①-②   **2** ⑤-①   **3** ⑤-④   **4** ①-⑤

注 (1) □wooden：木で作られた　□building：建物　□in the world：世界中で　(2) □fast：速く　□one：（前に出てきた名詞のくり返しをさけて）もの　(3) □a lot of ～：たくさんの～　□read：読む　(4) □Could you ～？：～していただけますか。□slowly：ゆっくりと　(5) □know about ～：～について知っている　□culture：文化　(6) □interesting：おもしろい

18 注意すべき比較の文

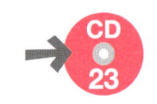

比較の文 ②

2つを比べて「AはBと同じくらい〜だ」と言うときは，**as 〜 as …** を使います。「同じくらい大きい」なら as と as の間に big を入れます。単語の形は変化させません。

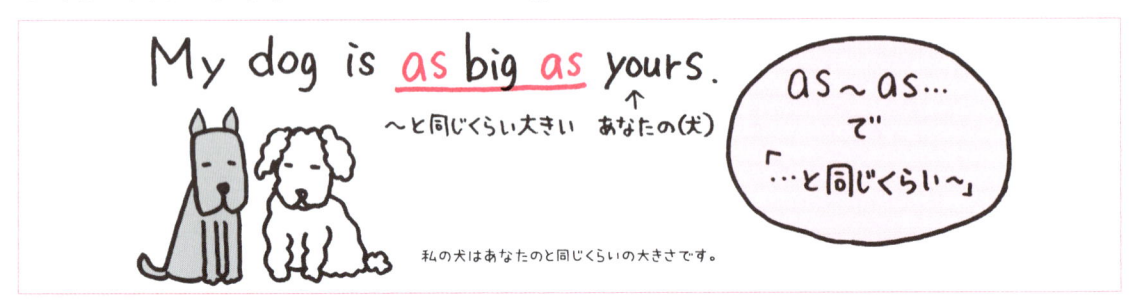

My dog is **as big as** yours.
〜と同じくらい大きい　あなたの(犬)
as〜as… で「…と同じくらい〜」
私の犬はあなたのと同じくらいの大きさです。

否定文は **not as 〜 as …** です。「…ほど〜ではない」という意味になることに注意しましょう。

I'm **not** as tall as Kumi.
not を入れるよ！
久美ほど高くないんだ

また，**like 〜 better** や **like 〜 the best** を使って，好みについて言うこともできます。

I **like** spring **better** than summer.
〜より好きなもの
夏より春が好き。

I **like** spring **the best**.
いちばん好きなもの
春がいちばん好き。

「どちらが**より好きですか**」「どの〜が**いちばん好きですか**」とたずねるときは，Which や What で始めて，**do you like better?** や **do you like the best?** の疑問文の形を続けます。

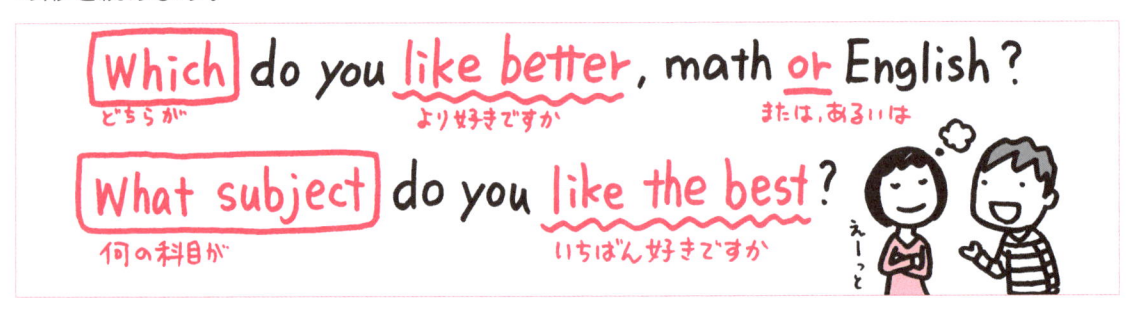

Which do you **like better**, math **or** English?
どちらが　　　　より好きですか　　　　または，あるいは

What subject do you **like the best**?
何の科目が　　　　いちばん好きですか

予想問題

答えは別冊7ページ

■ (1)～(4)は（　）に入れるのに最も適切なものを **1 ～ 4** から選びましょう。(5)と(6)は①～⑤を並べかえて，□の中に入れ，2番目と4番目にくるものの組み合わせとして最も適切なものを **1 ～ 4** から選びましょう。

(1) *A*: I love strawberries.　How about you, Maria?
    B: I like fruit, too.　But I like peaches (　　) than strawberries.

　　1 best　　**2** better　　**3** much　　**4** good

(2) Japan is as (　　) as Germany.

　　1 large　　**2** too large　　**3** larger　　**4** largest

(3) *A*: Is this your brother, Joe?　He's very tall!
    B: Yes.　I'm not as tall (　　) my brother.

　　1 so　　**2** to　　**3** than　　**4** as

(4) *A*: (　　) do you like better, science or social studies?
    B: Science.

　　1 Who　　**2** Which　　**3** Why　　**4** Are

(5) あなたはどんな音楽がいちばん好きですか。

　　（① do　② the best　③ music　④ like　⑤ you）

　　What kind of □ □(2番目) □ □(4番目) □ ?

　　1 ①－④　　**2** ④－②　　**3** ⑤－④　　**4** ③－⑤

(6) 私は友達の由紀と同じくらい上手にバイオリンが弾けます。

　　（① as　② the violin　③ can　④ as well　⑤ play）

　　I □ □(2番目) □ □(4番目) □ my friend Yuki.

　　1 ④－⑤　　**2** ⑤－④　　**3** ④－②　　**4** ⑤－①

注 (1) □strawberry：イチゴ　□How about ～？：～はどうですか。　□fruit：果物　□peach：モモ　(2) □Germany：ドイツ　(4) □science：理科　□social studies：社会　(5) □What kind of ～？：どんな種類の～。　(6) □violin：バイオリン

19 語順に注意する文型

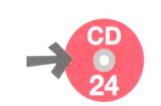

SVC・SVOO の文

「彼にプレゼントをあげる」のように，「（人）に（物）をあげる」と言うときは，giveのあとに「人」→「物」を続けます。**「人」「物」の順番**にすることがポイントです。

I gave him a present.

「人」が代名詞のときは，**him, her** といった目的格の形を使うことにも注意しましょう。

giveと同じ文型を作る動詞にはほかに，**show**（見せる）や**tell**（話す，伝える），**send**（送る）などがあります。「人」のあとに「見せる物」や「伝えること」などを続けます。

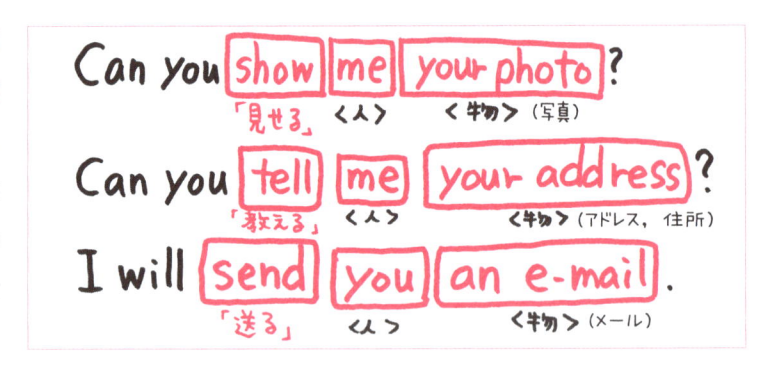

Can you show me your photo?
Can you tell me your address?
I will send you an e-mail.

become は，singer（歌手）や famous（有名な）などが続いて，**「～になる」**という意味を表します。また，look at ～ は「～を見る」の意味ですが，**look** のあとに happy（うれしい），sad（悲しい）などが続くと，**「～のように見える」**という意味になります。

Jane became a singer.
Jane looks happy.

予想問題

答えは別冊8ページ

■ (1)～(3)は（　）に入れるのに最も適切なものを **1～4** から選びましょう。(4)と(5)は①～⑤を並べかえて，□の中に入れ，2番目と4番目にくるものの組み合わせとして最も適切なものを **1～4** から選びましょう。

(1) Tom wanted to help sick people when he was young.　Finally, he (　　) a doctor.

　　1　were　　　**2**　became　　　**3**　studied　　　**4**　said

(2) A: You (　　) tired, Judy.　Are you OK?
　　B: Yes, thanks, Ken.　I had a lot of work to do yesterday.

　　1　tell　　　**2**　become　　　**3**　look　　　**4**　give

(3) A: Did you buy a present for your brother Bill?
　　B: Yes.　I went to the department store yesterday.　I'll give (　　) a soccer ball.

　　1　he　　　**2**　him　　　**3**　his　　　**4**　himself

(4) あなたに私のお気に入りの写真を見せましょう。

　　（①　my　　②　photo　　③　show　　④　you　　⑤　favorite）

　　I'll □ [2番目] □ [4番目] □ .

　　1　①－②　　**2**　④－⑤　　**3**　⑤－①　　**4**　②－①

(5) 市役所への道を教えていただけますか。

　　（①　the way　　②　me　　③　tell　　④　to　　⑤　the city hall）

　　Could you □ [2番目] □ [4番目] □ ?

　　1　①－②　　**2**　①－⑤　　**3**　②－①　　**4**　②－④

注　(1) □sick：病気の　□when：～のとき　□finally：ついに，とうとう　(2) □a lot of ～：たくさんの～　□work：仕事
　　(3) □present：プレゼント　□department store：デパート　□soccer ball：サッカーボール　(4) □photo：写真
　　□favorite：お気に入りの　(5) □city hall：市役所

20 「〜がある」「〜しなさい」の文

There is 〜. の文・命令文

「部屋に机があります」「いすの上にねこが2匹います」などのように，「〜がある」「〜がいる」と言うときには，**There is** または **There are** を使います。

There is a desk in the room.
〜がある(いる)　　　部屋(の中)に
場所を表す語句をつける！

あとが複数のときは are を使うよ。

There are two cats on the chair.
〜がある(いる)　複数　いすの上に

過去のことを言うときは，is と are を過去形の **was**，**were** に変えます。

There is 〜. の文は，**is** のあとに **not** を入れれば否定文に，**Is** で文を始めれば疑問文になります。

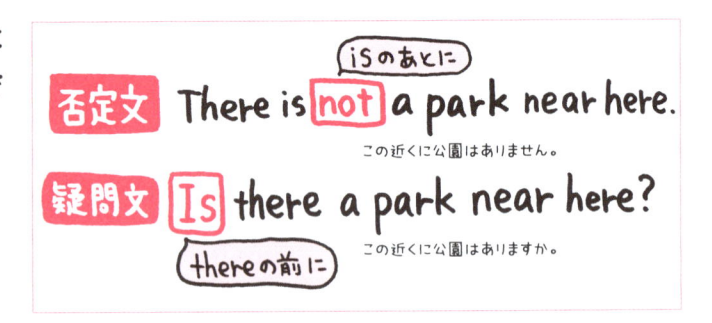

否定文 There is [not] a park near here.
（is のあとに）
この近くに公園はありません。

疑問文 [Is] there a park near here?
（there の前に）
この近くに公園はありますか。

「立ちなさい」や「ドアを開けて」などのように，**命令・指示**などをするときは動詞で文を始めます。ふつうの文には主語が必要ですが，命令文（めいれいぶん）では主語は省略されます。

主語は不要！　ポイッ　You

Stand up.
立ちなさい。

Open the door.
ドアを開けて。

動詞で文を始めれば命令文

文の最初か最後に please をつけると，命令の調子を和らげることができます。また，be 動詞の文の場合は，Be quiet.（静かにしなさい。）のように **Be** で文を始めます。

予想問題

答えは別冊8ページ

■ (1)～(5)は（ ）に入れるのに最も適切なものを **1～4** から選びましょう。(6)は①～⑤を並べかえて，□の中に入れ，2番目と4番目にくるものの組み合わせとして最も適切なものを **1～4** から選びましょう。

(1) (　　) were a lot of flowers in my garden last spring.

    1 Those　　**2** There　　**3** They　　**4** That

(2) *A:* Takako, (　　) careful.　That soup bowl is very hot.
   B: OK, Mike.　Thanks.

    1 is　　**2** am　　**3** was　　**4** be

(3) There (　　) a large shopping center in our city.

    1 is　　**2** are　　**3** were　　**4** does

(4) *Mother:* (　　) Daniel.　It's time for breakfast.
    Son: Today is Sunday, Mom.　I want to sleep.

    1 Get up,　　　　　　　　　　**2** Go to bed,
    3 I go to the supermarket,　　**4** Lunch is ready,

(5) *Man:* Excuse me.　(　　　　)
   Girl: The nearest bank is on the next corner.

    1 I went to the bank yesterday.　　**2** What time is it?
    3 Is there a bank around here?　　**4** When did you go there?

(6) 東京には訪れるべきたくさんのよい場所があります。

   （① good places　② there　③ a lot of　④ to　⑤ are ）

   □　□(2番目)　□　□(4番目)　visit in Tokyo.

    1 ①－②　　**2** ⑤－③　　**3** ⑤－①　　**4** ①－⑤

注
(1) □garden：庭　□last ～：この前の～　(2) □careful：注意深い　□soup bowl：スープ皿
(3) □shopping center：ショッピングセンター　□city：市　(4) □It's time for ～.：～の時間です。　□sleep：ねむる
□supermarket：スーパー　(5) □nearest：near（近い）の最上級　□bank：銀行　□corner：角

もっと！4級の重要単語・熟語 ④

（このページはCDには対応していません。）

比較変化　　形容詞・副詞の比較級と最上級をまとめて確認しましょう。

▶ ～er, ～est の形になる語

原級	比較級	最上級	
□ high（高い）	higher	highest	ふつうは最後に er, est をつけるだけで OK です。
□ warm（暖かい）	warmer	warmest	
□ large（大きい）	larger	largest	e で終わる語は, r, st だけをつけます。
□ nice（よい, すてきな）	nicer	nicest	
□ busy（忙しい）	busier	busiest	y で終わる語は, y を i にかえて, er, est をつけます。
□ early（早く, 早い）	earlier	earliest	
□ happy（幸せな）	happier	happiest	
□ big（大きい）	bigger	biggest	big と hot は最後の g や t を重ねて, er, est をつけます。
□ hot（熱い, 暑い）	hotter	hottest	

▶ 前に more, most がつく語

□ beautiful（美しい）	more beautiful	most beautiful
□ careful（注意深い）	more careful	most careful
□ famous（有名な）	more famous	most famous
□ important（大切な）	more important	most important
□ interesting（おもしろい）	more interesting	most interesting

of と in の使い分け
最上級の文で，「～の中で（いちばん…）」というときは，of か in を使います。

of + 複数を表す語句
- of the five　5つ(5人)の中で
- of all　すべて(みんな)の中で

in + 場所や範囲を表す語句
- in Japan　日本(の中)で
- in my family　家族(の中)で

> 複数を表す語句なら of を使います。
> 場所や範囲・グループを表す語句なら in を使います。

接続詞

接続詞の意味と使い方を例文で確認しましょう。

☐ and	〜そして…	I washed my hands and ate sandwiches. 私は手を洗い，そしてサンドイッチを食べました。
☐ but	しかし	I like animals, but I don't like cats. 私は動物が好きですが，ねこは好きではありません。
☐ or	〜または…	Do you want tea or milk? お茶が欲しいですか，それとも牛乳が欲しいですか。
☐ so	それで	I got up late, so I was late for school. 私は遅く起きたので，学校に遅れました。

いろいろな文型

あとに形容詞が続く動詞や，「人」「物」の順で目的語が2つ続く動詞には，次のようなものもあります。

▶あとに形容詞が続く動詞

☐ get	〜になる	You'll get well soon. あなたはすぐによくなるでしょう。
☐ feel	〜のように感じる	I feel sick today. 私は今日は気分が悪いです。
☐ sound	〜のように聞こえる	That sounds good. それはよさそうですね。

▶あとに「人」「物」の順で目的語が2つ続く動詞

☐ ask	たずねる	Can I ask you a question? あなたに質問してもいいですか。
☐ lend	貸す	Can you lend me your dictionary? 私に辞書を貸してもらえますか。
☐ make	作る	I'll make you a doll. あなたに人形を作ってあげましょう。
☐ teach	教える	Mr. Hill teaches us English. ヒル先生は私たちに英語を教えています。

予想テスト

答えは別冊 8 ページ
［リスニング］の問題は，CD を聞きながら解答しましょう。

接続詞，比較，SVC・SVOOの文，There is 〜．

1 次の（　）に入れるのに最も適切なものを 1 〜 4 の中から 1 つ選びましょう。

(1) A: Who is the (　　) player in your club?
　　B: John.　He's a very good player.

　　1 better　　**2** best　　**3** more　　**4** most

(2) A: Do you like your grandfather?
　　B: Yes.　He always (　　) us interesting stories.

　　1 talks　　**2** listens　　**3** tells　　**4** says

(3) There (　　) some cups on the table.　Judy likes them very much.

　　1 is　　**2** take　　**3** are　　**4** have

(4) A: Don't (　　) late for dinner, Kate.
　　B: OK, Mom.

　　1 am　　**2** be　　**3** are　　**4** is

(5) A: Do you want to have pizza (　　) spaghetti?
　　B: Spaghetti, please.

　　1 and　　**2** after　　**3** but　　**4** or

(6) This is the (　　) tower in Japan.

　　1 tall　　**2** taller　　**3** tallest　　**4** as tall

2

次の日本文の意味を表すように①〜⑤を並べかえて▢の中に入れましょう。そして，2番目と4番目にくるものの最も適切な組み合わせを **1〜4** の中から1つ選びましょう。

(1) あなたは彼女にクリスマスプレゼントを送りましたか。
(① you　② a Christmas　③ send　④ her　⑤ present)
Did ▢ ▢(2番目) ▢ ▢(4番目) ▢ ?
1 ③-②　**2** ②-③　**3** ①-②　**4** ③-⑤

(2) 彼が私を訪ねてきたとき，私は音楽を聞いていました。
(① music　② when　③ visited　④ listening to　⑤ he)
I was ▢ ▢(2番目) ▢ ▢(4番目) ▢ me.
1 ①-⑤　**2** ②-①　**3** ①-②　**4** ②-④

(3) 暗くなる前に家に帰ってきなさい，ジョン。
(① it　② gets　③ home　④ come　⑤ before)
▢ ▢(2番目) ▢ ▢(4番目) ▢ dark, John.
1 ②-⑤　**2** ①-③　**3** ④-⑤　**4** ③-①

(4) 私は兄ほど上手に中国語が話せません。
(① as well　② Chinese　③ can't　④ as　⑤ speak)
I ▢ ▢(2番目) ▢ ▢(4番目) ▢ my brother.
1 ⑤-①　**2** ⑤-④　**3** ②-③　**4** ②-①

3

[リスニング] 対話と質問を聞き，その答えとして最も適切なものを **1〜4** の中から1つ選びましょう。　CD 26

(1)　**1** Colors.
　　　2 Blue.
　　　3 Green.
　　　4 Brown.

(2)　**1** Judy.
　　　2 Judy's mother.
　　　3 Ben's father.
　　　4 Ben's mother.

21 許可・依頼の表現

会話表現 ①

「～してもいいですか」と**許可**を求めるときは，**Can I ～?** を使います。can の代わりに may を使って，**May I ～?** とするとよりていねいな言い方になります。

> Can I have this? （これ食べてもいい？） OK.（いいよ。）
> May I have this?（これを食べてもいいですか。） Sure.（いいですよ。）

「～してくれますか」と相手に**依頼**するときは，**Can you ～?** を使います。「～していただけますか」とよりていねいに言うときは，could を使って，**Could you ～?** とします。

> Can you help me?（手伝ってくれる？） All right.（いいよ。）
> Could you help me?（手伝っていただけますか？） No problem.（いいですよ。）

許可を求める Can I ～? や，依頼の Can you ～? に「はい」と応じるときは，Sure.（もちろん。いいですよ。）や OK.／All right.（いいですよ。）がよく使われます。

ほかに右のような答え方も覚えておきましょう。

「はい」と応じるとき
- **Of course.**（もちろんです。）
- **No problem.**（問題ないですよ。）

断るとき（理由を付け足す。）
- **Sorry, ….**（すみませんが，…。）

予想問題

答えは別冊9ページ
[リスニング]の問題は，CDを聞きながら解答しましょう。

■ (　) に入れるのに最も適切なものを **1～4** から選びましょう。

(1) *Girl 1:* My grandma sent me a lot of apples. (　　　) Cathy?
Girl 2: Sorry, I have to stay home today. How about tomorrow?

1 Can you come and get some,　**2** Do you eat apples,
3 Can you give me apples,　**4** How much are they,

(2) *Daughter:* Mom, I'm hungry. (　　　)
Mom: Sure. But don't eat too much.

1 What are you making?　**2** Can I have chocolate?
3 May I see your bag?　**4** Where is the kitchen?

(3) *Girl:* Is this your computer, Bill? Can I see it?
Boy: (　　　) I bought it yesterday.

1 No, thank you.　**2** It's not mine.
3 You're welcome.　**4** Of course.

■ [リスニング] イラストを参考にしながら対話と応答を聞いて，最も適切な応答を **1～3** から選びましょう。

CD 28

(4) 1
2
3

(5) 1
2
3

注
(1) □grandma：おばあちゃん　□sent：過send（送る）　□stay home：家にいる　□How about ～?：～はどうですか。
(2) □hungry：空腹な　□too：～すぎる　(3) □computer：コンピューター　□bought：過buy（買う）
(4) □What's wrong?：どうしましたか。　□call：電話をする　□cell phone：携帯電話　□Here you are.：はい，どうぞ。
(5) □delicious：おいしい

069

22 すすめる・誘う表現

会話表現 ②

「〜はいかがですか」「〜が欲しいですか」と相手にすすめるときは，**Do you want 〜?** や **Would you like 〜?** を使います。Would you like 〜? の方がていねいな言い方です。

Yes, please.（はい，お願いします。）や **No, thank you.**（いいえ，結構です。）などのように答えます。

「〜したいですか」「〜しませんか」のように相手を誘うときは，**Do you want to 〜?** や **Would you like to 〜?** を使います。どちらも **to のあとには動詞の原形**がきます。Would you like to 〜? の方がていねいな言い方です。

Sure.（もちろんです。）／**That's a good idea.**（いい考えですね。）などのように答えます。断る場合は，**Sorry**（すみません）と言ったあとに理由を述べます。

また，「何が食べたいですか。」のようにたずねるときは，疑問詞の What で文を始めて，**What would you like to have?** と表します。

予想問題

答えは別冊 9 ページ
[リスニング] の問題は，CD を聞きながら解答しましょう。

■ (1)と(2)は（　）に入れるのに最も適切なものを **1～4** から選びましょう。(3)は①～⑤を並べかえて，☐ の中に入れ，2 番目と 4 番目にくるものの組み合わせとして最も適切なものを **1～4** から選びましょう。

(1) *Mother:* Do you want another glass of water, David?
　　Son: （　　　） I'm thirsty.

 1 No, thank you.   **2** Yes, please.
 3 OK, here it is.   **4** I want a new glass.

(2) *Girl:* We'll have a party tomorrow. （　　　）
　　Boy: Sounds good. I'll bring some flowers.

 1 When is the party?   **2** Would you like spaghetti?
 3 Did you see her at school?   **4** Do you want to come?

(3) ピザを 1 切れいかがですか。
　　（ ① a piece　② you　③ like　④ of　⑤ would ）

　　☐　☐(2番目)　☐　☐(4番目)　☐ pizza?

 1 ②-① **2** ⑤-① **3** ③-② **4** ①-④

■ [リスニング] イラストを参考にしながら対話と応答を聞いて，最も適切な応答を **1～3** から選びましょう。

CD 30

(4)　1　2　3

(5)　1　2　3

注
(1) □another：別の，もう 1 つの　□a glass of ～：コップ 1 杯の～　□thirsty：のどがかわいた　(2) □bring：持っていく
(3) □piece：1 枚，1 つ　□pizza：ピザ　(4) □pudding：プディング　□full：満腹の　□apple pie：アップルパイ
(5) □ticket：チケット，切符　□game：試合　□be interested in ～：～に興味がある　□member：メンバー，一員

071

23 提案・感想を聞く表現

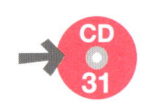

会話表現 ③

「～はどうですか」「～はいかがですか」のように，何かを提案したり，すすめたりするときは，How about ～? を使います。

How about this shirt? — このシャツはいかがですか？
That's fine. — いいですね。
How much is it? — いくらですか。

How about playing tennis? — テニスをするのはどう？
That's a good idea. — いい考えだね。
Sounds good. — いいね。

How about you? は「**あなたはどうですか。**」という意味です。相手にも同じ内容を質問したいときなどに使います。

I like dogs. How about you? — 犬が好き。あなたはどう？
Me, too. — 私も！

「**テストはどうでしたか**」のように感想などをたずねるときも，How ～? を使います。

～はどう
How was your math test? — 数学のテストどうだった？ ムずかしかった～

～はどうですか
How do you like your new class? — 新しいクラスはどう？ よかったよ

How was ～? には，Fine.（よかった。）／It was fun.（おもしろかった。）／It was great.（すばらしかった。）／It was exciting.（わくわくしました。）などと答えます。

予想問題

答えは別冊10ページ
[リスニング] の問題は，CDを聞きながら解答しましょう。

■ (1)と(2)は（　）に入れるのに最も適切なものを **1～4** から選びましょう。(3)は①～⑤を並べかえて，□ の中に入れ，2番目と4番目にくるものの組み合わせとして最も適切なものを **1～4** から選びましょう。

(1) 　*A:* Meg, (　　) was the math test today?
　　B: I don't like math very much.　But I did my best.

　　1　what　　**2**　when　　**3**　how　　**4**　why

(2) 　*Woman:* I'm looking for a sweater.　It's a present for my grandson.
　　Salesclerk: (　　) This color is popular among young people.

　　1　We don't have any sweaters.　**2**　What are you looking for?
　　3　How was your grandson?　　**4**　How about this one?

(3) 　ジョージ，私の新しいスカートはどうですか。

　　（① my　② how　③ you　④ do　⑤ like）

　　George, □ □(2番目) □ □(4番目) □ new skirt?

　　1　⑤-④　　**2**　⑤-①　　**3**　④-③　　**4**　④-⑤

■ [リスニング] イラストを参考にしながら対話と応答を聞いて，最も適切な応答を **1～3** から選びましょう。

(4) 　1
　　2
　　3

(5) 　1
　　2
　　3

注　(1) □math：数学　□test：テスト　□do one's best：全力をつくす　(2) □look for ～：～を探す　□sweater：セーター　□present：プレゼント　□grandson：孫息子，男の孫　□salesclerk：店員，販売係　□among：～の間で
　　(3) □skirt：スカート　(4) □weekend：週末　□art museum：美術館　(5) □leave：去る，出発する

24 whatの疑問文

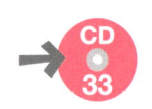

会話表現 ④

今回からは，whatなどの疑問詞を使った疑問文を学習します。疑問詞を使うと，具体的な情報をたずねることができます。例えば，whatを使えば，「何？」とたずねることができます。

> ［　　］は何ですか。
> ＝
> What is ［　　］？
> ← Whatはいつも文の最初にくる

「何をしますか？」「何をしましたか？」のようにたずねるときは，**What**のあとに**will you do?** や **did you do?** などの疑問文の形を続けます。

未来のことだね
What **will** he do next?
彼は次に何をしますか。
→ これから先のことを答える
未来を表すwill
He **will play** tennis.
テニスをするつもり。

過去のことだね 何?
What **did** he do yesterday?
彼は昨日，何をしましたか。
→ 過去のことを答える
過去形
He **played** tennis.
テニスをしたよ。

大問❹やリスニングの問題では，人物の行動についてたずねられることが多いです。だれが何をしたかを意識しながら問題に取り組むようにしましょう。

「何の〜」「どの〜」とたずねるときは，Whatのあとに名詞を続けます。「何色が好きですか」なら，Whatのあとにcolorを続けて，<u>What color do you like?</u> とします。

何のクラブ
What **club** is Mike in?
マイクは何のクラブ？
He's in the soccer club.
サッカークラブだよ。
省略することもあります。

どんな種類の〜？
What **kind of** music do you like?
どんな音楽が好き？
I like pop music.
ポップスが好き。
省略することもあります。

予想問題

答えは別冊10ページ
[リスニング] の問題は，CDを聞きながら解答しましょう。

■ (1)と(2)は（　）に入れるのに最も適切なものを **1〜4** から選びましょう。(3)は①〜⑤を並べかえて，□の中に入れ，2番目と4番目にくるものの組み合わせとして最も適切なものを **1〜4** から選びましょう。

(1) *Boy 1:* What are you going to do in Japan?
　　Boy 2: (　　　) I want to go to a lot of temples.

　1　I visited there.　　　　**2**　I'll visit Kyoto.
　3　Sorry, I can't.　　　　**4**　I know him very well.

(2) *Student:* I visited Ueno Zoo last week.
　　Teacher: That's nice.　(　　　)
　　Student: Pandas!　They were very cute.

　1　What animal did you like?　**2**　When did you arrive?
　3　What did you think?　　　**4**　Where did you see?

(3) あなたはどんな花を育ててみたいですか。
　（① of　② what　③ flowers　④ kind　⑤ do ）
　□ □(2番目) □ □(4番目) □ you want to grow?

　1　③-④　　**2**　⑤-①　　**3**　②-④　　**4**　④-③

■ [リスニング] イラストを参考にしながら対話と応答を聞いて，最も適切な応答を **1〜3** から選びましょう。

CD 34

(4) 1 2 3

(5) 1 2 3

注
(1) □temple：寺　(2) □Ueno Zoo：上野動物園　□panda：パンダ　(3) □kind：種類　□grow：育てる
(4) □smell：〜のにおいがする　(5) □bring：持ってくる　□plastic bag：ビニール袋　□size：サイズ
□need：〜を必要とする

25 人や理由のたずね方

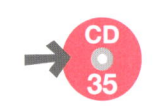

会話表現 ⑤

「**だれ？**」と**人**についてたずねるときは，**Who** で文を始めます。「**だれが夕食を作りますか？**」とたずねるときはWhoの**すぐあとに動詞**を続けて，Who <u>makes</u> dinner? とします。この質問には，I <u>do</u>.（私です。）や Ken <u>does</u>.（健です。）のように答えます。

Who is that woman?
あの女性はだれ？
新しい先生だよ
She's our new teacher.

Who made this pie?
だれがこのパイを作ったの？
母よ
My mother <u>did</u>.
答え方に注意

「**だれのもの？**」と**持ち主**をたずねるときは，**whose** を使います。答えるときは，**mine**（私のもの），**his**（彼のもの），**hers**（彼女のもの）などの「〜のもの」を表す代名詞をよく使います。

Whose pencil is this?
だれのえんぴつ？
It's mine.
私のです

「**なぜですか？**」と**理由**をたずねるときは，**Why** で文を始めます。また，否定文に対して **Why not?**（どうして〈〜でないの〉ですか。）とたずねることもよくあります。

Why are you late?
なぜ遅れたの？
電車が遅れちゃって…
The train was late.

I don't like dogs.
犬．キライ．
何で？
Why not?

Why 〜? に理由を答えるときは，**Because 〜.**（なぜなら〜だからです。）を使います。

予想問題

答えは別冊11ページ
[リスニング]の問題は，CDを聞きながら解答しましょう。

■ (1)と(2)は（ ）に入れるのに最も適切なものを **1〜4** から選びましょう。(3)は①〜⑤を並べかえて，☐ の中に入れ，2番目と4番目にくるものの組み合わせとして最も適切なものを **1〜4** から選びましょう。

(1) A: (　　) did Nina get up early this morning?
　　B: Because she had to make breakfast.

　　1 What　　**2** Who　　**3** How　　**4** Why

(2) Boy: Becky, I can't join the volunteer activity this weekend.
　　Girl: (　　)
　　Boy: I have to visit my grandpa in the hospital.

　　1 Who is he?　　　　**2** Sorry, you can't.
　　3 Why not?　　　　　**4** I'll help you.

(3) 今シャワーを浴びているのはだれですか。

　　(① a shower　② who　③ taking　④ is　⑤ right)

　　☐ [2番目]☐ ☐ [4番目]☐ ☐ now?

　　1 ①−③　　**2** ④−①　　**3** ④−⑤　　**4** ①−④

■ [リスニング] 対話または英文とその内容についての質問を聞いて，最も適切な答えを **1〜4** から選びましょう。　　**CD 36**

(4)　**1** Beth's.
　　　2 Jack's.
　　　3 Beth's brother's.
　　　4 Jack's brother's.

(5)　**1** The boy.
　　　2 The boy's mother.
　　　3 The boy's father.
　　　4 The boy's parents.

注 (1) □get up：起きる　□early：早く　□had to 〜：〜しなければならなかった　(2) □join：参加する　□volunteer activity：ボランティア活動　□weekend：週末　□visit：訪ねる　□grandpa：おじいちゃん　□in the hospital：入院している　(4) □key：カギ　□Here you are.：はい，どうぞ。　(5) □parents：（複数形で）両親　□both：両方とも

077

26 時・場所のたずね方

会話表現 ⑥

「**いつ？**」と**時**をたずねるときは，when を使います。「〜はいつですか」は **When is 〜?** と表します。「いつ〜しますか」は，**When** のあとに**一般動詞の疑問文**を続けます。

<u>When</u> is your birthday? — August 25. （日付を答える）

<u>When</u> will that store open? — Next week. （いつかを答える）

「何時ですか？」は，What time is it? と表します。また，「**何時に起きますか？**」などのように**時刻**をたずねるときは，**What time** で文を始めて，**一般動詞の疑問文を続けます**。

ふつう，**at** を使って時刻を答えます。

<u>What time</u> do you get up? — I usually get up <u>at</u> seven thirty.

「**どこですか？**」と**場所**をたずねるときは，**Where** で文を始めます。

<u>Where</u> were you? — In the kitchen.

<u>Where</u> did you get the pencil case? — At the bookstore.

上の答えは，I was in the kitchen. ／ I got it at the bookstore. を短くした言い方です。

予想問題

答えは別冊11ページ
[リスニング]の問題は，CDを聞きながら解答しましょう。

■ (1)は（　）に入れるのに最も適切なものを **1～4** から選びましょう。(2)と(3)は①～⑤を並べかえて，□の中に入れ，2番目と4番目にくるものの組み合わせとして最も適切なものを **1～4** から選びましょう。

(1) *Girl:* Welcome to our soccer club, Robert. (　　　　)
　　Boy: I'm from Australia.　Please call me Bob.

　　1　Who is he?　　　　　　　　**2**　When did you come to Japan?
　　3　How do you like Australia?　**4**　Where are you from?

(2) 何時にパーティーを始める予定ですか。
　　（① to　　② are　　③ time　　④ you　　⑤ going）
　　What ☐ [2番目] ☐ ☐ [4番目] ☐ start the party?
　　1　④－⑤　　**2**　②－⑤　　**3**　④－③　　**4**　②－①

(3) どこで荷物を預けられますか。
　　（① check　　② where　　③ can　　④ my baggage　　⑤ I）
　　☐ [2番目] ☐ ☐ [4番目] ☐ ?
　　1　③－①　　**2**　⑤－④　　**3**　③－⑤　　**4**　④－③

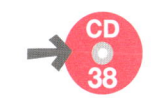

■ [リスニング] イラストを参考にしながら対話と応答を聞いて，最も適切な応答を **1～3** から選びましょう。

CD 38

(4)　1
　　 2
　　 3

(5)　1
　　 2
　　 3

注　(1) □welcome to ~：~へようこそ　□call：…を~と呼ぶ　(2) □start：始める　□party：パーティー　(3) □check：(荷物などを) 預ける　□baggage：手荷物　(4) □Where shall we meet?：どこで会いましょうか。
(5) □bought：過 buy（買う）　□shopping center：ショッピングセンター

079

27 そのほかのhowの疑問文

会話表現 ⑦

Howは，提案したり感想をたずねたりするときに使いましたね（→72ページ）。このほか，「どう？」「どうやって？」と天気の様子や交通手段などをたずねるときにも使われます。

- **How** is the weather? （どう？／お天気どう？）
  - It's cloudy. （くもり）
- **How** do you come to school? （どうやって？／どうやって学校に来るの）
  - **By** bus. （バスで。）
  - **On** foot. （歩いて。）

Howは，「どのくらい〜？」とたずねるときにも使います。many（たくさんの，多数の）といっしょに使うと，**数**をたずねることができます。

- **How many** girls are there in your club? （何人？／あなたのクラブに女の子は何人いる？）
  - Ten. （10人よ。）

How many〜？
「どのくらい多くの〜」
↓
「いくつの〜」
「何人の〜」

manyのほかにも，Howは次のような語といっしょに使われます。

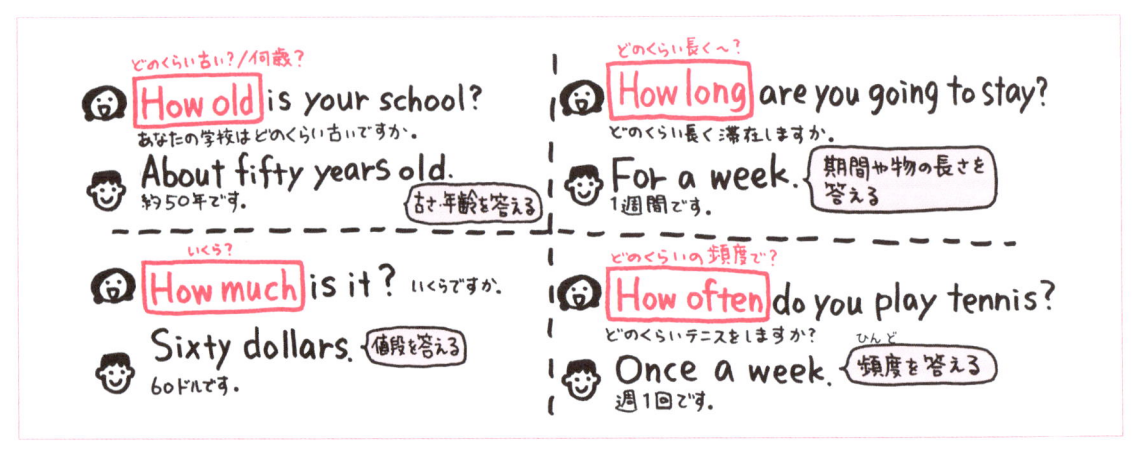

- **How old** is your school? （どのくらい古い？／何歳？／あなたの学校はどのくらい古いですか。）
  - About fifty years old. （約50年です。）〔古さ・年齢を答える〕
- **How much** is it? （いくら？／いくらですか。）
  - Sixty dollars. （60ドルです。）〔値段を答える〕
- **How long** are you going to stay? （どのくらい長く〜？／どのくらい長く滞在しますか。）
  - For a week. （1週間です。）〔期間や物の長さを答える〕
- **How often** do you play tennis? （どのくらいの頻度で？／どのくらいテニスをしますか。）
  - Once a week. （週1回です。）〔頻度を答える〕

高さをたずねるときには，**How tall 〜?**（人の背の高さ，建物などの高さ）や**How high 〜?**（山などの高さ）を使います。

予想問題

答えは別冊11ページ
[リスニング] の問題は，CDを聞きながら解答しましょう。

■ (1)〜(3)は（　）に入れるのに最も適切なものを **1〜4** から選びましょう。(4)は①〜⑤を並べかえて，☐の中に入れ，2番目と4番目にくるものの組み合わせとして最も適切なものを **1〜4** から選びましょう。

(1) *A:* How (　　) is this tunnel?
　　B: It's about 100 meters.

　1 old　　**2** long　　**3** many　　**4** much

(2) 　*Woman:* I'd like this umbrella. (　　)
　Salesclerk: 85 dollars, ma'am.

　1 How much is it?　　**2** How tall is it?
　3 How many do you have?　　**4** How old is it?

(3) *Girl:* I'm going to my dance lesson.
　Boy: Oh, are you?　How often do you have dance lessons?
　Girl: (　　)

　1 From four to five.　　**2** At night.
　3 Twice a week.　　**4** For three days.

(4) あなたの学校には何人の先生がいますか。
　（① there　② many　③ are　④ how　⑤ teachers）
　☐ ☐[2番目] ☐ ☐[4番目] ☐ in your school?

　1 ③−①　**2** ②−③　**3** ③−⑤　**4** ②−①

■ [リスニング] 対話または英文とその内容についての質問を聞いて，最も適切な答えを **1〜4** から選びましょう。　**CD 40**

(5)　**1** On foot.　　　　(6)　**1** Sixteen years old.
　　2 By bus.　　　　　　**2** Sixty years old.
　　3 By bike.　　　　　　**3** Seventeen years old.
　　4 By car.　　　　　　**4** Seventy years old.

注　(1) ☐tunnel：トンネル　☐meter：メートル（長さの単位）　(2) ☐umbrella：かさ　☐salesclerk：店員，販売係
　(3) ☐dance lesson：ダンスのレッスン　(5) ☐broken：壊れた，故障した　☐be late for 〜：〜に遅れる
　☐class：授業　☐drive … to 〜：〜へ…を車で連れていく　(6) ☐grandpa：おじいちゃん
　☐better：well（上手に）の比較級

081

もっと！4級の重要会話表現

（このページはCDには対応していません。）

買い物　会話例を見て，よく使われる表現を確認しましょう。

May I help you?	何かお探しですか。
I'm looking for a blue jacket.	青のジャケットを探しています。
How about this one?	こちらはいかがですか。
I'll take it.　How much is it?	それを買います。いくらですか。
100 dollars.	100ドルです。

▶そのほかの表現

☐ May I try this on?　
これを試着してもいいですか。

☐ What size do you want?
どのサイズにしますか。

道案内　会話例を見て，よく使われる表現を確認しましょう。

Excuse me.　Where is the post office?	すみません。郵便局はどこですか。
Go straight and you'll see it on your right.	まっすぐに行くと，右手に見えます。
Thank you very much.	どうもありがとうございました。
You're welcome.	どういたしまして。
Is there a library near here?	この近くに図書館はありますか。
Yes, it's over there.	はい，向こうにあります。
How can I get to the station?	駅へはどうやって行けますか。
Turn left at the second corner.	2番目の角で左に曲がります。
Could you tell me the way to the bank?	銀行への行き方を教えてくれますか。
It's across the street.	道路の向かい側にあります。

▶そのほかの表現

☐ Just around the corner.
角を曲がったところにあります。

☐ I'm sorry, but I don't know.
すみませんが，知りません。

電話　会話例を見て，よく使われる表現を確認しましょう。

Hello?　　　　　　　　　　　　　　もしもし？
Hello.　This is Tom.　　　　　　　もしもし。トムです。
May I speak to Ken, please?　　健をお願いできますか。
Sure.　Just a moment.　　　　　　はい。少しお待ちください。

▶ そのほかの表現

☐ Who's calling, please?　　　　　　☐ Is Ken there?
　どちらさまですか。　　　　　　　　　健はいますか。
☐ Sorry, he's out now.　　　　　　　☐ I'll call back later.
　すみませんが，彼は今外出しています。　あとでかけ直します。
☐ Can I take a message?　　　　　　☐ Can I leave a message?
　伝言をうかがいましょうか。　　　　　伝言をお願いできますか。

体調をたずねるとき　会話例を見て，よく使われる表現を確認しましょう。

What's wrong?　　　　どうしたのですか。
I feel sick.　　　　　　気分が悪いのです。
That's too bad.　　　　それはいけませんね。

▶ そのほかの表現

☐ How do you feel?　　　　　　　　☐ What's the matter?
　気分はどうですか。　　　　　　　　　どうしたのですか。

そのほかのいろいろな会話表現　意味を確認しましょう。

〈あいさつなど〉　　　　　　　　　〈応じ方〉
☐ What's up?　元気ですか。　　　　I'm fine.　元気です。
☐ See you later.　じゃあ，またね。　Take care.　じゃあね。／気をつけてね。
☐ Thank you.　ありがとう。　　　　You're welcome.　どういたしまして。
　　　　　　　　　　　　　　　　　No problem.　どういたしまして。
　　　　　　　　　　　　　　　　　That's all right.　いいんですよ。
　　　　　　　　　　　　　　　　　My pleasure.　どういたしまして。

予想テスト

答えは別冊12ページ
［リスニング］の問題は，CDを聞きながら解答しましょう。

会話表現

1 次の（　）に入れるのに最も適切なものを 1 〜 4 の中から 1 つ選びましょう。

(1)　*A:* (　　) cell phone is this?　I found it under my desk.
　　B: It's mine.　Thank you, Kelly.
　　1 Where　　**2** Which　　**3** Who　　**4** Whose

(2)　*A:* (　　) you like milk or orange juice?
　　B: Orange juice, please.
　　1 Why　　**2** May　　**3** Would　　**4** How

2 次の会話について，（　）に入れるのに最も適切なものを 1 〜 4 の中から 1 つ選びましょう。

(1)　*Teacher:* (　　)　You don't look well.
　　Student: I feel sick.　May I go home, Mr. Brown?
　　1 Who's calling?　　　　　　**2** What's wrong?
　　3 How was it?　　　　　　　**4** What are you eating?

(2)　*Girl:* This movie was exciting.　I liked it.　(　　　)
　　Boy: I didn't like it.　It was boring.
　　1 How about you?　　　　　　**2** How are you?
　　3 What was the movie about?　**4** Where did you see it?

3

次の日本文の意味を表すように①〜⑤を並べかえて☐の中に入れましょう。そして，2番目と4番目にくるものの最も適切な組み合わせを 1 〜 4 の中から 1 つ選びましょう。

私を空港まで連れていっていただけますか。
(① take   ② to   ③ could   ④ me   ⑤ you)

☐ ☐(2番目) ☐ ☐(4番目) ☐ the airport?

1 ③－④   **2** ⑤－④   **3** ③－①   **4** ⑤－②

4

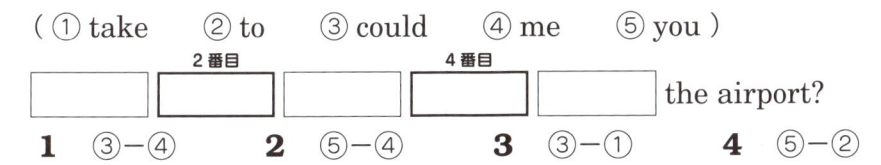

[リスニング] イラストを参考にしながら対話と応答を聞き，最も適切な応答を 1 〜 3 の中から 1 つ選びましょう。

(1) 1 2 3

(2) 1 2 3

(3) 1 2 3

(4) 1 2 3

5

[リスニング] 対話と質問を聞き，その答えとして最も適切なものを 1 〜 4 の中から 1 つ選びましょう。

(1)
1 A book about animals.
2 A book about sports.
3 A book about cars.
4 A book about caps.

(2)
1 Today.
2 Tomorrow.
3 After school.
4 Yesterday.

28 お知らせの読み方

長文問題 ① (掲示)

4級の大問❹A, B, Cは長文問題です。**筆記問題35問中10問が長文読解の問題**です。難しそうに思える長文問題ですが, 読み取りのコツがわかれば読みやすくなります。

ここでは, ❹Aの学校や店先などに貼られたお知らせの**掲示**を読む形式を見ていきます。**日付・曜日・時刻・場所**といった情報が読み取りのポイントになります。短く簡潔に書かれた, 掲示特有の表現のしかたにも慣れておきましょう。では, 例題を見てみましょう。

Greenhill High School's Festival

Greenhill High School's drama club will perform Shakespeare's play at the school festival.
Come and see their performance.
 見に来てください

When: Friday, May 20, from 4:30 いつ…日時
Where: school gym どこで…場所
Ticket Price: 値段
　　　Teachers and Adults: $5
　　　Students: Free
　　　　　　　　　無料
For more information, please ask Ms. Spencer.
くわしい情報は〜

- 1行目で何についてのお知らせかをチェック！
- 何が行われるのかに注意して読み取りましょう。
- 日付・時間と場所の情報はしっかり押さえましょう。
- 価格や料金は, いくらなのかを確認しましょう。
- 問い合わせ先, 参加条件など追加情報が書かれています。

〈英文の意味〉グリーンヒル高校文化祭
グリーンヒル高校の演劇部が文化祭でシェークスピア劇を上演します。彼らの劇を見に来てください。
時：5月20日, 金曜日, 4時30分から

場所：学校の体育館
チケット料金：教師と大人：5ドル／生徒：無料
くわしい情報は, スペンサー先生にお問い合わせください。

ほかにも, お知らせの掲示にはお店やお金, イベントなどに関連する語句がよく登場します。次のようなキーワードを覚えておくと, お知らせを読むときに便利です。

- □ Date (日付, 期日)
- □ Time (時刻, 時間)
- □ Place (場所, 会場)
- □ Where to meet (集合場所, 会場)
- □ meeting place (集合場所, 会場)
- □ Open (開店時間, 開始時刻)
- □ Close (閉店時間, 終了時刻)
- □ opening hours (営業時間)
- □ cost (値段, 費用)
- □ Don't miss 〜. (〜をお見逃しなく。)
- □ from 〜 to ... (〜から…まで)

from〜to…のfromは省略されることも多いよ

予想問題

答えは別冊13ページ

■ お知らせを読み，(1)と(2)の質問に対する答えとして最も適切なものを **1 ～ 4** から選びましょう。

Summer Sale

The Dewy Museum Gift Shop will have a big sale.

Date: August 1 to August 14
Time: 10:00 a.m. to 4:30 p.m.

Posters and post cards will be 30% off.
Also, the first 20 customers will get a free museum ticket.

Don't miss this chance!

---

(1) How long is the sale?

 1 One week. **2** Two weeks.
 3 Three weeks. **4** Four weeks.

(2) How many people will get a free museum ticket?

 1 One. **2** Twelve.
 3 Twenty. **4** Thirty.

注 □sale：セール □museum：博物館，美術館 □gift shop：みやげ物店，ギフトショップ □poster：ポスター □post card：（絵）葉書 □off：割り引いて □customer：客 □get：手に入れる □ticket：切符，チケット □miss：逃す □chance：機会

29 メールの読み方

長文問題 ②（Eメール）

　大問❹Bは，**Eメール**または**手紙文**を読んで答える形式の問題です。Eメールや手紙は決まった形式で書かれているので，この**ルールを知っておくことも大切**です。

　ここでは，Eメールのやり取りを紹介します。送信メールとそれに対する返信メールがセットになって出題されることが多いです。最初に**ヘッダー部分を読み，「だれが」「だれに」「何の用件」**で送ったのかを押さえておくことが読み取りのコツです。メールの本文でも，**「いつ」「だれが」「どこで」「何をする」**のかに注意して読み進めることが大切です。

送信メール

ヘッダー部分から情報を読み取りましょう。

From: Kate Cline
To: Ed Williams
Date: June 12, 2012 17:50
Subject: New DVD

件名からメールの内容を予測しましょう。

メールの書き出しには，DearやHiなどを使います。

Dear Ed, 親愛なる
How are you? The DVD *Wild Life Adventure* is on sale, and I bought it! Let's watch it together! ～しましょう
Are you free this weekend? Please let me know. I want to watch it soon.
Your friend, あなたの友達
Kate

メールの最後に結びの言葉と自分の名前を書きます。結びの言葉にはほかに，Sincerely, やBest wishes, などもあります。

返信メール

From: Ed Williams 送った人
To: Kate Cline 受け取る人
Date: June 12, 2012 18:34 日付
Subject: Saturday 件名

Hi Kate, こんにちは。やあ
Thanks for your e-mail. メールをありがとう。
Yes, let's watch it! I can come to your house on Saturday at 6:00 p.m. I'll bring some ～を持っていきます
pizza and drinks for dinner.
See you, またね
Ed

〈英文の意味〉送信者：ケイト・クライン／宛先：エド・ウィリアムズ／日付：2012年6月12日，17時50分／件名：新しいDVD

親愛なるエド，
元気？　"ワイルド・ライフ・アドベンチャー" のDVDが発売されているので，買ったの！　いっしょに見ましょう！　今週末はひま？　教えてください。早く見たいです。
あなたの友達より，
ケイト

送信者：エド・ウィリアムズ／宛先：ケイト・クライン／日付：2012年6月12日，18時34分／件名：土曜日

やあ，ケイト，
メールをありがとう。いいね，DVDを見よう！　土曜日の午後6時にきみの家に行けるよ。夕食にピザと飲み物を持っていくよ。
またね，
エド

　メールでよく出てくる表現を紹介します。

□ **Can you come ～?**（～に来られますか。）
□ **Please tell me about ～.**（～について教えてください。）
□ **How is your new ～?**（新しい～はどうですか。）
□ **I want to tell you about ～.**（～について伝えたいことがあります。）
□ **I'll come and see you.**（あなたに会いに行きます。）

予想問題

答えは別冊13ページ

■ Eメールを読み，(1)〜(3)の質問に対する答えとして最も適切なものを **1〜4** から選びましょう。

From: John White
To: Mary Bone
Date: September 2, 2012 9:08
Subject: Welcome party

Dear Mary,
I hope you are enjoying your new life at Scott High School. I'm planning a welcome party for the new students. Can you come? It's on Friday from 4 p.m. to 6 p.m. The third-year students will sing a song for you. And then, we'll play a game. Please wear something pink because we will use it in the game. It will be fun!
Sincerely,
John White

From: Mary Bone
To: John White
Date: September 2, 2012 11:26
Subject: A little late

Hi John,
Thank you for planning a party for us. It will be a very fun party and I want to go. But I have a flute lesson until 4 p.m. in the Blue Building, so I will be about 10 minutes late. I hope it is OK. I have a pink hat at home. I'll bring it to the party.
See you next Friday,
Mary

---

(1) What is John planning?

 1 A dinner party.   **2** A welcome party.

 3 A New Year's party.   **4** A birthday party.

(2) Why will Mary be late to the party?

 1 Because she will play a game. **2** Because she will go shopping.

 3 Because she will go to a concert.

 4 Because she has a flute lesson.

(3) What will Mary bring to the party?

 1 Her flute.   **2** Her orange shirt.

 3 Her pink hat.   **4** Her blue shoes.

注 （送信メール）□welcome party：歓迎会 　□hope：〜だと願う 　□life：生活 　□plan：計画する 　□new student：新入生 　□third-year student：(高校)3年生 　□wear：着る, 身につける 　□fun：楽しいこと
（返信メール）□Thank you for 〜.：〜をありがとう。 　□have 〜 lesson：〜のレッスンがある 　□bring：持っていく

30 手紙の読み方

長文問題③（手紙）

　ここでは，大問❹Bで出題されるもう１つの形式，手紙文を見ていきます。
　手紙では，**１行目の右はしに日付を書きます。２行目には手紙を送る相手の名前を書きます**。オーウェンさんに出す手紙なら，**Dear** Owen, とします。本文は３行目から始まります。**最後に結びの言葉と自分の名前を書きます**。

　Eメールと同じように，まず「だれが」「だれに」書いた手紙なのかを確認しましょう。何について書かれているのか，**用件をつかむ**ことが，読むときのポイントです。

Dearは手紙の書き出しに使って，「～様，親愛なる～」の意味です。

あいさつの言葉で始めることが多いです。

May 4 ← 日付を書きます。

Dear Owen,
　How are you?　I started 7th grade in April.　Now we study English at school.　It's difficult, but I like it very much.
　There is an English teacher from Canada.　His name is Mr. Carter.　He speaks slowly, but sometimes we can't understand him. And sometimes he can't understand us, either, because our English is not good.　But it's exciting to study with a teacher from another country.　I want to speak with many people in English in the future.
　I'm looking forward to hearing from you.

　　　　　　　　　　　　　　　　　　　　　　　　Your friend,
　　　　　　　　　　　　　　　　　　　　　　　　Kumiko

（今／学校で／時々／将来は／あなたからのお返事を楽しみに待っています。）

結びの言葉です。ほかにSincerely,やLove,なども使います。次の行に自分の名前を書きます。

〈英文の意味〉　　　　　　5月4日
オーウェン様，
　お元気ですか？　4月に中学1年生になりました。今，私たちは学校で英語を勉強しています。英語は難しいけれど，大好きです。
　カナダから来た英語の先生がいます。彼の名前はカーター先生です。先生はゆっくり話してくれますが，私たちはたまに先生の言うことが理解できません。また，私たちの英語は上手ではないので，先生もたまに私たちの言うことが理解できません。でも，外国から来た先生と勉強するのはわくわくします。私は将来，たくさんの人と英語で話したいです。
　返事を楽しみに待っています。
　　　　　　　　　　　　　　あなたの友達，
　　　　　　　　　　　　　　久美子

　「時」を表す語に着目して，「**いつ**」「**何をした**」あるいは「**いつ**」「**何をする**」のかを整理しながら読むことも大切です。

☐ yesterday　　（昨日）
☐ last ～　　　（この前の～）
☐ ～ ago　　　（～前）
☐ tomorrow　　（明日）
☐ next ～　　　（次の～）

☐ in the morning　　（午前中に）
☐ in the afternoon　（午後に）
☐ a.m.　（午前）
☐ p.m.　（午後）

6:00 a.m.（午前6時）6 p.m.（午後6時）のように使います。

090

予想問題

答えは別冊14ページ

■ 手紙を読み，(1)～(3)の質問に対する答えとして最も適切なものを **1 ～ 4** から選びましょう。

January 5

Dear Jane,

　It snowed in Tokyo last Sunday. The snow started at around 10 a.m. When it stopped three hours later, the houses and the streets were all white. It doesn't snow here often, so I was excited.

　My father and I made a small snowman in the afternoon. We gave it a red nose and put a black cap on its head. We played outside for two hours.

　How is the weather in London? I want to go there to see you soon.

Sincerely,
Nikki

---

(1) How long did it snow?

　1 For two hours.　　**2** For three hours.

　3 For five hours.　　**4** For ten hours.

(2) Why was Nikki excited?

　1 It doesn't snow often in Tokyo.　**2** There was no school.

　3 Her snowman was big.　　**4** Her father's nose became red.

(3) What did Nikki and her father do?

　1 They went skiing.　　**2** They bought a black cap.

　3 They went to London.　　**4** They played outside.

注　□snow：雪が降る　□around：約, およそ　□a.m.：午前　□excited：わくわくした, 興奮した　□snowman：雪だるま　□outside：屋外で, 外で　(2) □no school：学校がない（＝休み）　□become：～になる　(3) □go skiing：スキーに行く　□bought：過 buy（買う）

31 説明文の読み方

長文問題 ④（説明文）

大問❹Cは，おもに中高校生の日常生活をテーマにした長めの**説明文**を読む形式です。

長文を読むときは，「いつ（when）」「どこで（where）」「だれが（who）」「何を（what）」「なぜ（why）」「どのように（how）」という5W1Hの情報を押さえ，**話の全体の流れをつかむ**のがコツです。では，さっそく例文を読んでみましょう。

タイトルから話題をつかみましょう。

話の内容は段落ごとに整理してとらえましょう。

A Camp キャンプ

Kate lives with her parents and grandparents. This summer, they went camping by a lake. They stayed in a tent.
（今年の夏／キャンプに行った／湖のそばで）

第1段落：ケイトは家族と夏にキャンプに行った。

Kate's dad set up the tent. Kate picked up wood with her grandfather. They needed the wood to make fire for a barbecue. After that, Kate cut vegetables and meat with her grandmother. She enjoyed working with her grandparents because she can learn many things.
（〜なので）

第2段落：ケイトは祖父と木を拾い，祖母と食材を切った。たくさんのことが学べるので，彼らと働くのは楽しかった。

After dinner, Kate's grandfather taught them an old song. They sang the song together. When Kate looked up at the sky, she saw many stars. "They are so beautiful," she said.
（夕食後／「ケイトと家族」のこと／〜のとき／「星」のこと）

代名詞が何を指しているのかに注意して読み取りましょう。

第3段落：夕食後，祖父が教えてくれた歌をみんなで歌った。星がきれいだった。

〈英文の意味〉キャンプ
　ケイトは両親と祖父母と暮らしている。今年の夏，彼らは湖のそばにキャンプへ出かけた。彼らはテントに泊まった。
　ケイトの父がテントを張った。ケイトは祖父と木を拾った。バーベキュー用に火をおこすための木が必要だったのだ。そのあと，ケイトは祖母と野菜や肉を切った。たくさんのことが学べるので，彼女は祖父母と仕事をするのが楽しかった。
　夕食後，ケイトの祖父はみんなに古い歌を教えた。みんなでその歌をいっしょに歌った。ケイトが空を見上げたとき，たくさんの星が見えた。「とてもきれい」と彼女は言った。

長文読解では，次のようなポイントにも留意して問題を解きましょう。

- **大事なところはメモや下線でチェック！** ⇒ 話の流れが整理でき，解答するときの見直しにも役立つよ。
- **最後まで読み進めよう！** ⇒ 全部の単語がわからなくても大丈夫。前後関係から判断できることもあるので，あきらめずに最後まで読むことが大事。

本文を読む前に質問文を読んでおくといいよ。

予想問題

答えは別冊14ページ

■ 英文を読み，(1)〜(5)の質問に対する答えとして最も適切なものを **1〜4** から選びましょう。

A Basketball Game

Billy is 13 years old. He is a member of the basketball team. There are 25 members in the team, but only 10 can play in the basketball game next month.

One day, Billy saw a college basketball game on TV. The players were great. They could run very fast. They had strong legs. Billy wanted strong legs too, so he decided to run to school every morning. He ran every day for three weeks.

Three weeks later, Billy could run much faster than before. When his coach saw Billy in practice yesterday, he said, "You are going to play in the game next month."

(1) How many people can play in the game next month?
    1 Ten.　　**2** Thirteen.　　**3** Fourteen.　　**4** Twenty-five.

(2) Who could run fast?
    1 Billy's basketball coach.　　**2** Billy's teacher.
    3 The basketball players on TV.　　**4** Billy's friend.

(3) Why did Billy run to school every morning?
    1 He wanted strong legs.　　**2** He wanted to talk with his friends.
    3 He always got up late.　　**4** He wanted to get to school early.

(4) How long did Billy run to school?
    1 For one week.　　**2** For two weeks.
    3 For three weeks.　　**4** For four weeks.

(5) What will Billy do next month?
    1 Play in a basketball game.　　**2** Go to a college basketball game.
    3 Join the baseball team.　　**4** Run in the gym.

注　□a member of 〜：〜の一員，〜のメンバー　□team：チーム　□one day：ある日　□college：大学　□leg：足（脚力）　□decide：決心する，決める　□ran：過 run（走る）　□than before：以前よりも　□coach：コーチ　□saw：過 see（見る）　□said：過 say（言う）　(3) □got：過 get（〜になる）　(5) □join：参加する　□gym：体育館

予想テスト

答えは別冊14ページ

長文問題

1 次のお知らせを読んで，(1)と(2)の質問に対する答えとして最も適切なものを 1 〜 4 の中から 1 つ選びましょう。

Join the Oak Mountain Book Club!

We have over 500 English books.
Members can take home five books for one week.
Also, a teacher is always at the club room.
Members can ask questions about English.

Open: Every day from 1:00 p.m. to 6:00 p.m.
Where: Oak Mountain Hall, Room D
Cost: One month $8

If you want to join the club, please call Jim Burns at 6431-1551.

---

(1) How many books can members take home?

1 1.
2 5.
3 6.
4 8.

(2) What can members do at the club room?

1 Buy English books.
2 Listen to CDs.
3 Talk to Jim Burns.
4 Ask questions about English.

2
次の手紙を読んで，(1)〜(3)の質問に対する答えとして最も適切なものを 1 〜 4 の中から 1 つ選びましょう。

October 10

Dear Grandpa,

　How are you doing? Can you visit us next month? The Cot City dance contest* is on November 14. I will be in the contest. A hundred dancers will be there. I want to be the champion, so I'm practicing hard with my teacher.

　I practice every day with your old dance shoes. They are old but they are still fine. And they are perfect for my feet. Mom said that you were the dance champion 50 years ago. I will wear your shoes in the contest for good luck.

　I have two tickets to the contest. I will send them to you next week. Please come!

Love,
Michael

---

*contest: 大会

(1) What will Michael do on November 14?

　1　He will visit his grandfather.　　2　He will take dance lessons.
　3　He will dance in a contest.　　　4　He will buy new shoes.

(2) Who was the dance champion 50 years ago?

　1　Michael.　　　　　　　　　　　2　Michael's mother.
　3　Michael's grandfather.　　　　　4　Michael's teacher.

(3) What will Michael send next week?

　1　Tickets to a contest.　　　　　　2　His grandfather's old shoes.
　3　His mother's picture.　　　　　　4　A map to the city hall.

3 次の英文を読んで，(1)～(5)の質問に対する答えとして最も適切なもの，または文を完成させるのに最も適切なものを **1** ～ **4** の中から1つ選びましょう。

A Fun Trip

　Jenny is a high school student in Canada.　This winter, she went to Singapore*.　It was her first time to go there.　She stayed with her uncle Chris for seven days.

　Chris and his family live in a big house with a pool.　Jenny was surprised to see a pool at his house.　"Are you a rich man?" Jenny asked. Chris laughed and said, "I'm not rich, Jenny.　Many houses in Singapore have a pool because it's hot all year."

　On her last night, Chris took Jenny to the Lion Dance* festival in China Town*.　People were celebrating* the Chinese New Year's Day.　There were many dancers on the streets.　The sound of drums and bells were very loud.　Chris and Jenny stayed for three hours.　After the festival, they had dinner at a famous Chinese restaurant near Chris's home.

　Jenny had a very good time in Singapore.　Next year, she wants to go to Thailand*.

*Singapore: シンガポール
*Lion Dance: 獅子舞
*China Town: 中華街
*celebrate: 祝う
*Thailand: タイ

(1) Where did Jenny go this winter?
    1   To New York.
    2   To Canada.
    3   To Singapore.
    4   To Thailand.

(2) How long did Jenny stay with her uncle?
    1   For three days.
    2   For five days.
    3   For one week.
    4   For one year.

(3) Why was Jenny surprised?
    1   Chris lived in a small house.
    2   Chris gave her a lot of money.
    3   The weather was very cold.
    4   There was a pool at Chris's house.

(4) What did Chris do for Jenny on her last night?
    1   He bought her a bell.
    2   He took her to China Town.
    3   He played the drums.
    4   He cooked dinner.

(5) After the festival, Jenny and Chris ate dinner
    1   at a famous restaurant.
    2   at Chris's house.
    3   at a hotel.
    4   by the pool.

32 最後の発言に注意

リスニング 第1部

　英検4級ではリスニングの問題は全部で30問出題されます。リスニングは苦手だなぁという人も、問題のパターンがわかっていれば心配はいりません。ここでは、第1部の**「絵を見ながら答えるパターン」**について見ていきます。

　では、例題です。絵を見ながら対話文を聞き、最後の文に対する応答として最も適切なものを1、2、3の中から選びましょう。

〈読まれる英文〉 実際の試験では印刷されていません。

A: How was your vacation in Hawaii?
B: It was great!　But Hawaii is too far from here.
A: How long did it take?
1　At nine.
2　By plane.
3　About eight hours.

〈英文の意味〉
A：ハワイでの休暇はどうだった？
B：すばらしかったよ。でも、ハワイはここからは遠すぎるよ。
A：どのくらいかかったの？
1　9時です。　2　飛行機です。
3　約8時間です。

　実際の問題では、印刷されているのは**絵だけ**です。応答の文も放送で流れたものを聞き取り、正しい答えを選ばなければなりません。このパターンでは、**2人のやり取りの最後の文に注意して聞き、あらかじめ答えを予想しておく**のがコツです。例題の最後の文はHow long ～? なので、「時間の長さ」を答えると予想ができますね。答えは**3**です。

　これまでに学習した、**疑問詞**で始まる疑問文や、**依頼・許可・勧誘・提案**の表現などに対する応答がよく出されますが、ほかにもよく出される決まった応じ方を紹介します。

提案・指示に対して　　**物を貸してと頼まれたとき**　　**呼ばれたとき**

I will.　　Here you are.　　I'm coming.

こんな表現にも注意

Me, too.　　You, too.　　See you.

予想問題

答えは別冊15ページ
[リスニング]の問題は，CDを聞きながら解答しましょう。

CD 44

■ **[リスニング]** イラストを参考にしながら対話と応答を聞き，最も適切な応答を **1〜3**の中から1つ選びましょう。（ここでは対話と応答の選択肢は1回ずつ読まれます。実際の試験では対話と応答の選択肢は2回ずつ読まれます。）

(1) 1 2 3

(2) 1 2 3

(3) 1 2 3

(4) 1 2 3

(5) 1 2 3

(6) 1 2 3

注 (1) □pie：パイ　□How often 〜？：どのくらいの頻度で〜。　(2) □report：レポート　□think of 〜：〜を思いつく
□theme：テーマ　(3) □look at 〜：〜を見る　□Hawaii：ハワイ　□took：過take（〈写真〉を撮る）
(4) □What's up?：どうしたのですか。　□go shopping：買い物に行く　□by：〜までに　(5) □ready：準備ができて
□Just a moment.：ちょっと待ってください。　□miss：乗り遅れる　(6) □get：〜になる　□dark：暗い
□outside：外に，外で　□already：すでに，もう

33 疑問詞を聞き取ろう

リスニング 第2部

　ここでは，リスニングテスト第2部の「2人の対話とその内容についての質問を聞いて，答えるパターン」について見ていきます。

　では，例題です。対話と質問を聞き，その答えとして最も適切なものを1，2，3，4の中から選びましょう。

〈読まれる英文〉実際の試験では印刷されていません。

A: Let's go on a picnic tomorrow.
B: It sounds like fun, but it may rain.
A: How about a movie then?
B: That's a good idea.
Question: What are they going to do tomorrow?

〈選択肢〉
1　Go camping.
2　Go to the park.
3　Play tennis.
4　See a movie.

〈英文の意味〉A:明日ピクニックに行こう。
B:楽しそうだけど，雨が降るかもしれないよ。
A:じゃあ，映画はどう？　B:いい考えだね。
質問：彼らは明日何をするつもりですか。
1　キャンプに行く。　2　公園に行く。
3　テニスをする。　　4　映画を見る。

　このパターンでは，**Question のあとに読まれる疑問詞を正しく聞き取ること**がコツです。例題では，Question は **What** are they going to **do** ～？なので，2人が「何をするか」ということを答えればよいとわかりますね。答えは4です。また，**答えの選択肢を先に見ておいて，問われる内容は何かと予想しておく**のも1つの方法です。

　質問は「何をするか」「何の話をしているか」など，What で始まるものが多いので，**「だれが何をするか」**に注意して聞き取りましょう。よく出る質問の文を紹介します。

聞き取りのポイント

何？
What are they **talking about**?　彼らは何を話していますか。→ 話題は何か

何？
What is the girl's **problem**?　女の子の問題は何ですか。→ 問題点・困っていることは何か

どうやって？
How does Sally **get** there?　サリーはそこへどうやって行きますか。→ 交通手段

どこ？　Where～？ → 場所を答える
いつ？　When～？ → 時を答える
だれ？　Who～？ → 人を答える
なぜ？　Why～？ → 理由を答える

予想問題

答えは別冊16ページ
[リスニング] の問題は，CDを聞きながら解答しましょう。

■ [リスニング] 対話と質問を聞き，その答えとして最も適切なものを 1 ～ 4 の中から1つ選びましょう。

(1)
1. Tommy's box.
2. Tommy's stamps.
3. A red rose.
4. A beautiful flower.

(2)
1. $100.
2. $150.
3. $200.
4. $250.

(3)
1. To the bookstore.
2. To the game shop.
3. To the stadium.
4. To the station.

(4)
1. He can't find his watch.
2. His watch isn't working.
3. He couldn't see Judy.
4. Judy didn't help him.

(5)
1. On Sunday.
2. On Monday.
3. On Saturday.
4. On Thursday.

(6)
1. Ann.
2. Ann's sister.
3. Paul.
4. Paul's sister.

注 (1) □stamp：切手　□collect：～を集める　□rose：バラ（の花）　(2) □on sale：セールで，特価で　□cheap：安い
(3) □bookstore：書店　□first：最初に　□stadium：野球場，競技場　(4) □around here：この辺りに　□put：置く（過去も同じ）　□find：見つける，探す　(5) □look forward to ～：～を楽しみに待つ　□concert：コンサート
(6) □Would you like ～？：～はいかがですか。　□How about ～？：～はどうですか。

101

34 話の流れをつかもう

リスニング 第3部

ここでは，リスニングテスト第3部の**「やや長めの英文を聞き，その内容についての質問に答えるパターン」**について見ていきます。

では，例題です。英文と質問を聞き，その答えとして最も適切なものを1，2，3，4の中から選びましょう。

〈読まれる英文〉実際の試験では印刷されていません。　　〈選択肢〉

Aiko has tennis lessons every weekend. But next week, she will join a speech contest at school, so she has to practice her speech this weekend.
Question: What will Aiko do this weekend?

1　Take tennis lessons.
2　Practice her speech.
3　Enter a speech contest.
4　Go to school.

〈英文の意味〉愛子は毎週末，テニスのレッスンがあります。しかし，来週は学校のスピーチコンテストに出るので，今週末はスピーチの練習をしなければなりません。
質問：愛子は今週末に何をしますか。
1　テニスのレッスンを受ける。　2　スピーチを練習する。
3　スピーチコンテストに出る。　4　学校へ行く。

このパターンのコツは，**話の流れを押さえておくこと**です。「だれが」「いつ」「何を」するのかに注意して英文を聞き取るようにしましょう。例題では，「愛子が今週末にすること」が問われているので，答えは2です。

リスニング得点アップのポイントはコレ！
● 答えの選択肢をざっとチェック！
● キーワードをメモしておこう！
● 「だれが」「何を」するのか話の流れをつかもう！
● Questionの疑問詞をしっかり聞き取ろう！
● CDをくり返し聞いて，問題に慣れよう！

（数や曜日，日付には要注意！）
（場面がイメージできるといいね。）
（付属CDで練習！）

第3部と第2部の質問文のパターンはだいたい同じなので，もう一度100ページを見直しておきましょう。第3部では右のような質問もよく問われます。

What is the man talking about?
（男性は何について話していますか。）
⇒ 話題になっていることは何かを答える。

Where is the man talking?
（男性はどこで話していますか。）
⇒ 話している場所はどこかを答える。

予想問題

答えは別冊17ページ
[リスニング] の問題は，CD を聞きながら解答しましょう。

CD 48

■ [リスニング] 英文と質問を聞き，その答えとして最も適切なものを **1**〜**4** の中から 1 つ選びましょう。

(1)　**1**　At the zoo.
　　　2　At the museum.
　　　3　At the post office.
　　　4　At the restaurant.

(2)　**1**　One.
　　　2　Two.
　　　3　Three.
　　　4　Eight.

(3)　**1**　Run in the park.
　　　2　Take her dog to the park.
　　　3　Enjoy jogging.
　　　4　Walk in the park.

(4)　**1**　Last week.
　　　2　Last Sunday.
　　　3　Next Sunday.
　　　4　Next Saturday.

(5)　**1**　His house.
　　　2　His name.
　　　3　His brother.
　　　4　His dog.

(6)　**1**　She met a writer.
　　　2　She waited for her friend.
　　　3　Her friend visited her.
　　　4　Her friend became famous.

注 (1) □Thank you for 〜.：〜をありがとう。　□special：特別料理　□beef stew：ビーフシチュー
□dessert：デザート　□meal：食事　(2) □wife：妻　□baby boy：男の赤ちゃん　(3) □walk：散歩する　□some people 〜, and others …：〜する人もいれば，…する人もいる　□jog：ジョギングする　(4) □could：過 can（〜できる）
□because of 〜：〜のせいで　□bad cold：ひどい風邪　(5) □smart：賢い，利口な　□quickly：すぐに
□like：〜に似た，〜のような　(6) □talk to 〜：〜に話しかける　□wait for 〜：〜を待つ　□surprised：驚いた
□famous：有名な

予想テスト

答えは別冊17ページ
［リスニング］の問題は，CDを聞きながら解答しましょう。

リスニング

1 ［リスニング］ イラストを参考にしながら対話と応答を聞き，最も適切な応答を **1**～**3** の中から1つ選びましょう。

(1) 1
　　2
　　3

(2) 1
　　2
　　3

(3) 1
　　2
　　3

(4) 1
　　2
　　3

(5) 1
　　2
　　3

(6) 1
　　2
　　3

2 [リスニング] 対話と質問を聞き，その答えとして最も適切なものを1～4の中から1つ選びましょう。

(1) 1 Once a week.
     2 Twice a week.
     3 Three times a week.
     4 Every day.

(2) 1 Write an e-mail.
     2 Wash the dishes.
     3 Use the computer.
     4 Be a good boy.

(3) 1 On the table.
     2 In her pocket.
     3 In the living room.
     4 In the pencil case.

(4) 1 The boy.
     2 The boy's sister.
     3 The boy's brother.
     4 The boy's father.

(5) 1 He didn't have soccer practice.
     2 He was sick.
     3 His teacher came to school.
     4 His parents have a cold.

3 [リスニング] 英文と質問を聞き，その答えとして最も適切なものを1～4の中から1つ選びましょう。

(1) 1 One hour.
     2 Two hours.
     3 Three hours.
     4 Four hours.

(2) 1 Write a letter.
     2 Practice soccer.
     3 Dance in the gym.
     4 Sing English songs.

(3) 1 After school.
     2 In the ground.
     3 Before class.
     4 Every morning.

(4) 1 To go to the post office.
     2 To buy some stamps.
     3 To get an umbrella.
     4 To take money.

(5) 1 In the garden.
     2 In the park.
     3 In his house.
     4 In the flowers.

模擬試験

筆記 35 分
リスニングテスト約 30 分
配点 各 1 点
答えは別冊 19 ページ

得点 　　／65点

実際の試験は，解答用マークシートの番号をぬりつぶす形式です。この模擬試験では別の紙を用意して番号を書き出すなどしてください。リスニングテストは付属のCDに対応しています。CDを準備してから始めてください。

1

次の(1)から(15)までの（　）に入れるのに最も適切なものを**1**，**2**，**3**，**4**の中から一つ選びなさい。

(1) *A:* (　　) tall is your brother?
　　B: He's 170 centimeters tall.

　　1 What　　**2** Which　　**3** Why　　**4** How

(2) *A:* Do you know this song, Judy?
　　B: Of course. It's very popular (　　) young girls.

　　1 between　　**2** during　　**3** among　　**4** of

(3) Mike is a student from America. He came to Japan to learn about (　　) cultures.

　　1 different　　**2** cloudy　　**3** thirsty　　**4** heavy

(4) *A:* Which is (　　), this brown curtain or that green one?
　　B: I like the green curtain.

　　1 well　　**2** better　　**3** most　　**4** best

(5) Shun wants to get a job in America in the future. He'll go to New York to (　　) English this summer.

　　1 study　　**2** ask　　**3** watch　　**4** work

(6) My favorite baseball (　　) is the Blue Birds. I love watching their games on TV.

　　1 sport　　**2** season　　**3** ball　　**4** team

106

(7) I got (　　) the train at Shinjuku and walked to the department store.

　1 to　　　　**2** off　　　　**3** by　　　　**4** over

(8) *A:* There are a lot of DVDs.　Are they your sister's?
　B: Yes, they're (　　).

　1 his　　　　**2** hers　　　　**3** mine　　　　**4** theirs

(9) *A:* Excuse me, I want to buy a (　　) for a concert.
　B: You can get it at that store.

　1 book　　　　**2** letter　　　　**3** ticket　　　　**4** puzzle

(10) *A:* I'm going to Kelly's house.　We're having a party at her house.
　B: (　　) fun, Ken.

　1 Go　　　　**2** Have　　　　**3** Take　　　　**4** Enjoy

(11) I went fishing with my father yesterday.　We (　　) a lot of fish.

　1 catches　　**2** catch　　**3** caught　　**4** catching

(12) *A:* Were (　　) many students in this school ten years ago?
　B: Yes.　But we have only fifty now.

　1 there　　　**2** this　　　**3** that　　　**4** these

(13) *A:* What's your new student (　　)?
　B: Beth?　She's very nice.

　1 at　　　　**2** like　　　　**3** after　　　　**4** before

(14) *A:* Stop (　　), Bill.　I'm watching TV now.
　B: OK, Meg.

　1 talking　　**2** to talk　　**3** talked　　**4** talk

(15) *A:* Do you have any plans for summer?
　B: Every year, our family goes on a (　　) to a foreign country.

　1 party　　　**2** present　　**3** problem　　**4** trip

2

次の(16)から(20)までの会話について，（　）に入れるのに最も適切なものを **1**，**2**，**3**，**4** の中から一つ選びなさい。

(16) *Girl 1:* Look at the field, Amy.   My brother is running over there.
Girl 2: There are two boys.   Which boy is your brother?
Girl 1: (　　　)   He can run fast.

1   I can't see him.　　　　**2**   That tall boy is.
3   They're good friends.　**4**   He likes to run.

(17) *Girl:* Do you want to come to the beach with us tomorrow, Rick?
Boy: (　　　)   I want to swim and surf in the sea.

1   You look better.　**2**   That's too bad.
3   Sounds nice.　　　**4**   You're welcome.

(18) *Girl:* You have a nice piano, James.   (　　　)
Boy: Sure.   What song shall I play?

1   Can you play it for me?　　**2**   Do you have another piano?
3   Did you play it yesterday?　**4**   How much is it?

(19) *Father:* There is a large box at the door.   Who put it there?
Son: (　　　)   I'll ask Mom.

1   OK, I will.　　**2**   Here it is.
3   I'm not sure.　**4**   That's all right.

(20) *Man:* Excuse me.   I'm looking for the Aoba Hospital.   Is it far from here?
Woman: No, (　　　)   You can walk there.

1   you should take a taxi.　**2**   you'll talk with me.
3   I'm glad to see you.　　　**4**   it's near here.

3

次の(21)から(25)までの日本文の意味を表すように①から⑤までを並べかえて□の中に入れなさい。そして，2番目と4番目にくるものの最も適切な組合せを 1，2，3，4の中から一つ選びなさい。※ただし，（　）の中では，文のはじめにくる語も小文字になっています。

---

(21) あなたの名前のつづりを教えていただけますか。

（① me　② the spelling　③ tell　④ your name　⑤ of）

Could you ▢ [2番目]▢ ▢ [4番目]▢ ▢ ?

1　①-②　　2　①-⑤　　3　②-④　　4　②-⑤

(22) 私は父が帰宅したとき，電話で話していました。

（① was　② the phone　③ on　④ when　⑤ talking）

I ▢ [2番目]▢ ▢ [4番目]▢ ▢ my father came home.

1　⑤-③　　2　③-①　　3　③-④　　4　⑤-②

(23) あなたは今日は教室を掃除する必要はありません。

（① clean　② to　③ have　④ the classroom　⑤ don't）

You ▢ [2番目]▢ ▢ [4番目]▢ ▢ today.

1　②-①　　2　⑤-④　　3　①-③　　4　③-①

(24) あなたはどの車に乗ってみたいですか。

（① you　② would　③ to　④ like　⑤ car）

What ▢ [2番目]▢ ▢ [4番目]▢ ▢ ride?

1　①-⑤　　2　②-④　　3　②-⑤　　4　①-③

(25) 私の父は映画より小説の方が好きです。

（① than　② novels　③ movies　④ better　⑤ likes）

My father ▢ [2番目]▢ ▢ [4番目]▢ ▢ .

1　②-①　　2　③-①　　3　④-②　　4　⑤-③

4 A

次のお知らせの内容に関して，(26)と(27)の質問に対する答えとして最も適切なもの，または文を完成させるのに最も適切なものを **1**，**2**，**3**，**4** の中から一つ選びなさい。

Enjoy Indian Culture

Are you free on Sunday?
Come to the Indian Festival at Brent Park!

Date: Sunday, September 29
Time: 10 a.m. ～ 5 p.m.
Price: Adults $10
　　　　　Children $5

You can enjoy Indian curry, bread and tea for lunch.
We will play Indian music at the main hall at 3 p.m.
For more information, please call us.

---

(26) What is this notice for?

　1 A new restaurant.

　2 A festival.

　3 A new park.

　4 A music class.

(27) They will play music at

　1 10 a.m.

　2 12 p.m.

　3 3 p.m.

　4 5 p.m.

4 B

次のEメールの内容に関して、(28)から(30)までの質問に対する答えとして最も適切なものを1，2，3，4の中から一つ選びなさい。

From: Aki Ueno
To: Lisa Bauman
Date: July 9, 2012 10:10
Subject: Grammar* book

Dear Ms. Bauman,
You told us about a grammar book in English class yesterday. After school, I went to a bookstore at the East Shopping Center. But I couldn't find it there. I want to check the title of the book. Could you tell me the title again, please?
Sincerely,
Aki Ueno

From: Lisa Bauman
To: Aki Ueno
Date: July 9, 2012 10:21
Subject: Title of the book

Hi Aki,
The title of the book is "English Grammar for Junior High School Students." Maybe you should ask a sales person at the store. By the way, there is a new bookstore in our town. It's near West Station. Please try this store, too. I hope you can get the book today. Next week, we will study Chapter 1, Pages 4 to 10. Please read it at home.
Best wishes,
Lisa

*grammar: 文法

(28) Who is asking Ms. Bauman about the book?

 1 A student.   2 A sales person.
 3 A teacher.   4 A writer.

(29) Where is the new bookstore?

 1 Next to the supermarket.   2 Near the school.
 3 At the East Shopping Center. 4 Near West Station.

(30) What chapter will they study next week?

 1 One.   2 Four.
 3 Seven.   4 Ten.

4 C

次の英文の内容に関して，(31)から(35)までの質問に対する答えとして最も適切なもの，または文を完成させるのに最も適切なものを **1，2，3，4** の中から一つ選びなさい。

Animals at the Zoo

Yoko is a junior high school student. Yesterday, she went to a zoo on a school trip.

When the students arrived at the zoo, a zoo worker was waiting for them. She said, "Welcome! In this zoo, there are many special animals." Yoko looked at the zoo map. There were African elephants, polar bears*, and red pandas*. Then the worker said, "But we have a problem. These animals will die out* if we don't help them."

The students walked around the zoo with their teacher. Yoko wrote about the animals in her notebook. Her favorite animal was the red panda. They were always moving in their house. Some pandas could stand up! But Yoko became sad when she thought about the zoo worker's story. The animals are dying out. She wanted to help them.

At home, Yoko told her parents about the African elephants, polar bears and red pandas. They talked about ways to help them. She wants to go to the zoo again next month.

*polar bear: シロクマ *red panda: レッサーパンダ *die out: 絶滅する

(31) Who is Yoko?
 1 A junior high school student. 2 A zoo worker in Africa.
 3 A high school teacher. 4 A bus driver in Chiba.

(32) What did Yoko do at the zoo?
 1 She helped the zoo workers.
 2 She wrote about the animals in her notebook.
 3 She took care of sick animals. 4 She watched a video about the zoo.

(33) What was Yoko's favorite animal?
 1 The African elephant. 2 The polar bear.
 3 The red panda. 4 The mountain lion.

(34) Why did Yoko become sad?
 1 The red pandas didn't move. 2 The zoo worker had to go home.
 3 She couldn't see the elephants. 4 The animals are dying out.

(35) Yoko wants to
 1 visit Africa with her parents. 2 go to the zoo again.
 3 tell her friends about the trip. 4 read books about polar bears.

Listening Test

4級リスニングテストについて

❶ このテストは，第1部から第3部まであります。

英文は二度放送されます。

第1部	イラストを参考にしながら対話と応答を聞き，最も適切な応答を**1**，**2**，**3**の中から一つ選びなさい。
第2部	対話と質問を聞き，その答えとして最も適切なものを**1**，**2**，**3**，**4**の中から一つ選びなさい。
第3部	英文と質問を聞き，その答えとして最も適切なものを**1**，**2**，**3**，**4**の中から一つ選びなさい。

❷ No. 30のあと，10秒すると試験終了の合図がありますので，筆記用具を置いてください。

第1部

No. 1　　　　　1　2　3

No. 2　　　　　1　2　3

No. 3 1 2 3

No. 4 1 2 3

No. 5 1 2 3

No. 6 1 2 3

No. 7 1 2 3

No. 8 1 2 3

No. 9 1 2 3

No. 10 1 2 3

第2部

No. 11
1. A music player.
2. A portable TV.
3. An e-mail.
4. A dictionary.

No. 12
1. Last night.
2. Tonight.
3. This morning.
4. Yesterday morning.

No. 13
1. She must go shopping.
2. She must stay home.
3. She must go to an animal hospital.
4. She must walk her dog.

No. 14
1. By train.
2. By bus.
3. By bike.
4. On foot.

No. 15
1. Tom's.
2. Tom's mother's.
3. Emma's sister's.
4. Emma's mother's.

No. 16
1. Looking for a watch.
2. Checking Becky's room.
3. Cleaning the living room.
4. Watching TV.

No. 17
1. Orange juice.
2. Apple juice.
3. Grape juice.
4. Tomato juice.

No. 18
1. At a park.
2. At a police station.
3. At a flower shop.
4. At a station.

No. 19
1. Scott.
2. Scott's mother.
3. Scott's father.
4. Scott's brother.

No. 20
1. She can't bring Jim the books.
2. She can't help Jim.
3. She can't read the books.
4. She can't carry the books.

第3部

No. 21
1 Lisa.
2 Emily.
3 Lisa's coach.
4 Emily's coach.

No. 22
1 Last Thursday.
2 Last Friday.
3 Last Saturday.
4 Last Sunday.

No. 23
1 $30.
2 $115.
3 $120.
4 $150.

No. 24
1 She got a birthday present.
2 She found a newspaper.
3 She bought a new scarf.
4 She saw a friend.

No. 25
1 Plant trees.
2 Join the group.
3 Go to the beach.
4 Pick up trash.

No. 26
1 Some food.
2 A ball.
3 Two gloves.
4 Juice.

No. 27
1 Before having dinner.
2 After having dinner.
3 Before playing soccer.
4 After watching tennis.

No. 28
1 His club activity.
2 His favorite music.
3 His schedule on Monday.
4 His next game.

No. 29
1 Rainy.
2 Sunny.
3 Cloudy.
4 Snowy.

No. 30
1 A nurse.
2 A police officer.
3 A teacher.
4 A cabin attendant.

動詞の語形変化一覧表

重要動詞の意味と変化形を確認しましょう。★印が不規則動詞です（不規則な変化形は**赤字**になっています）。
規則変化で，つづりに特に注意すべき変化形は**太字**になっています。

基本の変化… [s をつける]　　ed をつける（e で終わる語には d だけをつける）　　ing をつける（e で終わる語は e をとって ing）

原形	意味	3単現	過去形	ing 形
answer	答える	answers	answered	answering
arrive	到着する	arrives	arrived	arriving
ask	たずねる	asks	asked	asking
★be	(be 動詞)	is	was, were	being
★become	〜になる	becomes	became	becoming
★begin	始まる	begins	began	**beginning** (n を重ねる)
borrow	借りる	borrows	borrowed	borrowing
★bring	持ってくる	brings	brought	bringing
★buy	買う	buys	bought	buying
call	呼ぶ，電話する	calls	called	calling
carry	運ぶ	**carries** (y を i にかえて es)	**carried** (y を i にかえて ed)	carrying
★catch	捕る	**catches** (es をつける)	caught	catching
clean	掃除する	cleans	cleaned	cleaning
close	閉じる	closes	closed	closing
★come	来る	comes	came	coming
cook	料理する	cooks	cooked	cooking
★cut	切る	cuts	cut	**cutting** (t を重ねる)
★do	する	**does** (es をつける)	did	doing
★draw	(絵を) かく	draws	drew	drawing
★drink	飲む	drinks	drank	drinking
★drive	運転する	drives	drove	driving
★eat	食べる	eats	ate	eating
enjoy	楽しむ	enjoys	enjoyed	enjoying
★feel	感じる	feels	felt	feeling
★find	見つける	finds	found	finding
finish	終える	**finishes** (es をつける)	finished	finishing
★forget	忘れる	forgets	forgot	**forgetting** (t を重ねる)
★get	手に入れる	gets	got	**getting** (t を重ねる)
★give	与える	gives	gave	giving

117

原形	意味	3単現	過去形	ing形
★go	行く	**goes** (esをつける)	**went**	going
happen	起こる	happens	happened	happening
★have	持っている	**has**	**had**	having
★hear	聞こえる	hears	**heard**	hearing
help	助ける，手伝う	helps	helped	helping
★hit	打つ	hits	**hit**	**hitting** (tを重ねる)
hope	望む	hopes	hoped	hoping
hurry	急ぐ	**hurries** (yをiにかえてes)	**hurried** (yをiにかえてed)	hurrying
invite	招待する	invites	invited	inviting
join	参加する	joins	joined	joining
★know	知っている	knows	**knew**	knowing
learn	習い覚える	learns	learned	learning
★leave	去る	leaves	**left**	leaving
like	好きである	likes	liked	liking
listen	聞く	listens	listened	listening
live	住む	lives	lived	living
look	見る，〜に見える	looks	looked	looking
love	愛する	loves	loved	loving
★make	作る	makes	**made**	making
★meet	会う	meets	**met**	meeting
miss	逃す	**misses** (esをつける)	missed	missing
move	動かす	moves	moved	moving
need	必要とする	needs	needed	needing
open	開ける	opens	opened	opening
paint	(絵の具で)かく	paints	painted	painting
play	(スポーツを)する	plays	played	playing
practice	練習する	practices	practiced	practicing
★put	置く	puts	**put**	**putting** (tを重ねる)
★read	読む	reads	**read**	reading
remember	覚えている	remembers	remembered	remembering
★ride	乗る	rides	**rode**	riding
★run	走る	runs	**ran**	**running** (nを重ねる)
★say	言う	says	**said**	saying
★see	見える	sees	**saw**	seeing

原形	意味	3単現	過去形	ing 形
★sell	売る	sells	**sold**	selling
★send	送る	sends	**sent**	sending
show	見せる	shows	showed	showing
★sing	歌う	sings	**sang**	singing
★sit	すわる	sits	**sat**	**sitting** tを重ねる
★sleep	眠る	sleeps	**slept**	sleeping
sound	～に聞こえる	sounds	sounded	sounding
★speak	話す	speaks	**spoke**	speaking
★stand	立つ	stands	**stood**	standing
start	始める	starts	started	starting
stay	滞在する	stays	stayed	staying
stop	止める	stops	**stopped** pを重ねる	**stopping** pを重ねる
study	勉強する	**studies** yをiにかえてes	**studied** yをiにかえてed	studying
★swim	泳ぐ	swims	**swam**	**swimming** mを重ねる
★take	取る	takes	**took**	taking
talk	話す	talks	talked	talking
★teach	教える	teaches esをつける	**taught**	teaching
★tell	伝える，言う	tells	**told**	telling
★think	思う，考える	thinks	**thought**	thinking
try	やってみる	**tries** yをiにかえてes	**tried** yをiにかえてed	trying
turn	曲がる	turns	turned	turning
★understand	理解する	understands	**understood**	understanding
use	使う	uses	used	using
visit	訪問する	visits	visited	visiting
wait	待つ	waits	waited	waiting
walk	歩く	walks	walked	walking
want	欲しがる	wants	wanted	wanting
wash	洗う	washes esをつける	washed	washing
watch	見る	watches esをつける	watched	watching
★win	勝つ	wins	**won**	**winning** nを重ねる
work	働く	works	worked	working
worry	心配する	**worries** yをiにかえてes	**worried** yをiにかえてed	worrying
★write	書く	writes	**wrote**	writing

英検4級をひとつひとつわかりやすく。

監　修　　山田暢彦（やまだ のぶひこ）

　　　　　　アメリカ合衆国ニュージャージー州生まれ。英語・日本語のバイリンガルとして，英語教室 NOBU English Academy を主宰。「聞く・話す・読む・書く」4つの技能を総合的に伸ばす独自のメソッドを導入し，英語に初めて触れる中学生から，ハーバードへのMBA留学をめざす社会人までを対象に幅広く英語を指導。

イラスト　　坂木浩子，高田ゲンキ，カモ

編集協力　　佐藤美穂
　　　　　　小縣宏行，甲野藤文宏，小林里歩，渡邉聖子，宮崎史子，森田桂子
デザイン　　山口秀昭（StudioFlavor）
CD録音　　（財）英語教育協議会（ELEC）
ナレーション　Rachel Walzer，Peter von Gomm，矢嶋美保
DTP　　　（株）明昌堂　データ管理コード：21-1772-3854（CS3／CS5／CC2019）

この本は下記のように環境に配慮して製作しました。
　・製版フィルムを使用しないCTP方式で印刷しました。
　・環境に配慮した紙を使用しています。
CD袋：PP
CD盤：PC

©Gakken　本書の無断転載，複製，複写（コピー），翻訳を禁じます。
本書を代行業者等の第三者に依頼してスキャンやデジタル化することは，たとえ個人や家庭内の利用であっても，著作権法上，認められておりません。

解答と全文和訳

◆ 出題された英文についてはすべて日本語の意味を示しています。問題を解いたあとに，確認しましょう。

01 よく出る 動詞＋名詞
13ページ

(1) **4**　(2) **2**　(3) **1**　(4) **2**
(5) **1**　(6) **3**

解説 (1) A：このラジオは調子が悪いです。
B：本当？　確かめてみます。
▶選択肢の意味は，**1**「見る」，**2**「習う」，**3**「言う」，**4**「確かめる」。
(2) A：電話に出てくれる，アンディー。今，忙しいの。
B：わかったよ，お母さん。ぼくが電話に出るよ。
▶選択肢の意味は，**1**「電話する」，**2**「(電話などに)出る」，**3**「与える」，**4**「話す」。
(3) 私の弟は一輪車に乗るのが好きです。彼はそれをとても楽しんでいます。
▶選択肢の意味は，**1**「乗る」，**2**「訪問する」，**3**「得る」，**4**「見る」。
(4) A：郵便局への行き方がわかりません。私に地図をかいてください。
B：いいですよ。
▶選択肢の意味は，**1**「教える」，**2**「(絵などを)かく」，**3**「言う」，**4**「(文字などを)書く」。
(5) A：私の手袋が見つかりません。見ましたか。
B：ソファーの上で見ました。
▶選択肢の意味は，**1**「見つける」，**2**「働く」，**3**「覚えている」，**4**「置く」。
(6) (I watched a movie on TV) yesterday.
▶「テレビで〜を見る」は watch 〜 on TV です。

02 have，take の使い方
15ページ

(1) **4**　(2) **1**　(3) **3**　(4) **2**　(5) **2**

解説 (1) A：あなたはレストランで何を食べましたか。
B：ビーフシチューです。おいしかったです。
▶選択肢の意味は，**1**「会う」，**2**「行く」，**3**「(スポーツなどを)する」，**4**「持っている，食べる」。
(2) A：すみませんが，私たちの写真を撮ってくれますか。
B：いいですよ。
▶選択肢の意味は，**1**「取る」，**2**「持っている」，**3**「来る」，**4**「(スポーツなどを)する」。take a picture で「写真を撮る」という意味です。
(3) 私たちの教室には壁に大きな地図があります。
▶選択肢の意味は，**1**「〜です」，**2**「取る」，**3**「持っている」，**4**「見る」。「教室は壁に地図を持っている」→「教室の壁に地図がある」と考えましょう。
(4) (Can you take me to) the zoo?
▶「(人)を(場所)に連れていく」は，take 人 to 場所 で表します。
(5) take には「(乗り物に)乗る」の意味もあります。

▶読まれた英文と意味
A：Did you visit the ABC museum?
(ABC 博物館に行きましたか。)
B：Yes.　It was exciting.　You should go there.
(はい，興奮しました。あなたも行くべきです。)
A：Really?　How do I go there?
(本当？　どうやって行けばいいですか。)
1 Yes, it's near here.（ええ，この近くです。）
2 Take the bus from the station.
(駅からバスに乗ってください。)
3 I got there at eight.（8時にそこに着きました。）

03 よく出る名詞
17ページ

(1) **1**　(2) **3**　(3) **2**　(4) **4**
(5) **1**　(6) **3**

解説 (1) A：あなたの大好きなスポーツは何ですか。
B：私はバドミントンが大好きです。
▶選択肢の意味は，**1**「バドミントン」，**2**「ロックミュージック」，**3**「ゲーム，試合」，**4**「ラケット」。
(2) A：どこに行くの，アリス？
B：郵便局よ。切手を買いたいの。
▶選択肢の意味は，**1**「理髪店」，**2**「体育館」，**3**「郵便局」，**4**「部屋」。
(3) 私の父はスペイン語とフランス語を話します。彼はこれらの言語を私に教えたがっています。
▶選択肢の意味は，**1**「レッスン」，**2**「言語」，**3**「村」，**4**「スポーツ」。
(4) A：もうすぐ 12 時 30 分だ！　おなかがすいたよ。ランチに出かけよう。
B：いいね。新しい中国料理のレストランはどう？
▶選択肢の意味は，**1**「図書館」，**2**「駅」，**3**「公園」，**4**「レストラン」。
(5) ピーターの家族はこの前の夏，ロンドンを訪れました。彼らはそこですてきなホテルに滞在しました。

▶選択肢の意味は，**1**「ホテル」，**2**「国」，**3**「庭」，**4**「ピクニック」。
(6) 私は毎日**果物**を食べます。例えば，バナナやオレンジです。
▶選択肢の意味は，**1**「季節」，**2**「音楽」，**3**「果物」，**4**「スポーツ」。

04 「時」を表す語
19ページ

(1) **2**　(2) **4**　(3) **1**　(4) **2**　(5) **1**

解説 (1) A：この**前**の日曜日は何をしましたか，トム。
B：私は兄と泳ぎに行きました。
▶選択肢の意味は，**1**「〜の前に」，**2**「この前の〜」，**3**「次の〜，今度の〜」，**4**「〜前に」。
(2) A：言っていることがわかりませんでした。もう一度もっと**ゆっくり**話してください。 B：わかりました。
▶選択肢の意味は，**1**「素早く」，**2**「速く」，**3**「早く」，**4**「ゆっくりと」。
(3) 私の兄は高校生です。彼は**来年**，大学へ行きます。
▶選択肢の意味は，**1**「次の〜，今度の〜」，**2**「〜の前に」，**3**「この前の〜」，**4**「まもなく」。
(4) 私は3年**前に**この古い鏡を庭で見つけました。
▶選択肢の意味は，**1**「〜もまた」，**2**「〜前に」，**3**「よく，上手に」，**4**「次の〜，今度の〜」。
(5) A：宿題は終わりましたか，メアリー。
B：いいえ。**いっしょに**しましょう。
▶選択肢の意味は，**1**「いっしょに」，**2**「また，再び」，**3**「遅く」，**4**「すでに，もう」。

05 人の様子を表す形容詞
21ページ

(1) **3**　(2) **3**　(3) **1**　(4) **2**
(5) **3**　(6) **1**

解説 (1) 私は歴史の先生が好きですが，私の**大好き**な科目は数学です。
▶選択肢の意味は，**1**「異なる，違った」，**2**「有名な」，**3**「大好きな」，**4**「人気のある」。
(2) 私は**ひま**なときは，部屋でテレビゲームをします。
▶選択肢の意味は，**1**「忙しい」，**2**「親切な」，**3**「ひまな」，**4**「遅い」。
(3) A：この男性を知っていますか。
B：もちろん。彼はとても**有名な**サッカー選手です。
▶選択肢の意味は，**1**「有名な」，**2**「簡単な」，**3**「きれいな」，**4**「遅い」。
(4) アンディーは宿題がたくさんあったので，昨日はとても**疲れ**ていました。
▶選択肢の意味は，**1**「親切な」，**2**「疲れた」，**3**「若い」，**4**「お金持ちの」。

(5) A：あなたはたくさんDVDを持っていますね。1枚借りてもいいですか。 B：いいですよ。この映画はどうですか。とても**おもしろい**です。
▶選択肢の意味は，**1**「空腹な」，**2**「眠い」，**3**「おもしろい」，**4**「おいしい」。
(6) Mike (was <u>very</u> happy <u>when</u> he) read the letter.
▶very は happy の前におきます。また，「〜するとき」は when を使います。この when は接続詞です。

予想テスト
動詞・名詞・副詞・形容詞・代名詞
24ページ

1 (1) **2**　(2) **3**　(3) **2**　(4) **1**
　(5) **4**　(6) **1**　(7) **3**

解説 (1) A：新しい英語の先生はどう？
B：スミス先生はとても親切だよ。**彼**と英語で話すのは楽しいよ。
▶Mr. は男性に使う敬称で，with のあとなので，「彼を，彼に」の意味を表す him を入れるのが適切です。
(2) A：何も食べたくありません。気分が悪いです。
B：**病院**へ行ったほうがいいですよ。
▶選択肢の意味は，**1**「レストラン」，**2**「博物館」，**3**「病院」，**4**「空港」。
(3) 私の友達のジョンが5時に**電話をかけて**きて，私たちは電話で1時間話しました。
▶選択肢の意味は，**1**「(電話などに)出た」，**2**「電話をかけた」，**3**「到着した」，**4**「たずねた」。
(4) A：この問題は私には**難し**すぎます。あなたの助けが必要です。 B：いいですよ。手伝ってあげます。
▶選択肢の意味は，**1**「難しい」，**2**「空腹な」，**3**「役に立つ」，**4**「早い」。
(5) 私はこの携帯電話を4日**前に**買いました。
▶選択肢の意味は，**1**「次の〜」，**2**「しばしば」，**3**「いっしょに」，**4**「〜前に」。
(6) ケニーはとても**おなかがすいて**いたので，サンドイッチを作りました。
▶選択肢の意味は，**1**「空腹な」，**2**「おいしい」，**3**「お金持ちの」，**4**「異なる」。
(7) 私の姉は今，シドニーに住んでいます。私は彼女に毎晩メールを**送ります**。
▶選択肢の意味は，**1**「訪問する」，**2**「受け取る」，**3**「送る」，**4**「電話をかける」。send 〜 to 人で「(人)に〜を送る」。

2 (1) **3**　(2) **2**　(3) **1**
解説 (1) 娘：お母さん，コートを貸してくれる？
母：いいわよ。これはどう？
娘：すてきね。すごく気に入ったわ。

▶選択肢の意味は，**1**「眠いです。」，**2**「それは簡単です。」，**3**「それはすてきです。」，**4**「持っています」。
(2) **少女**：私のピザを食べない？　**私はおなかがいっぱい**。**少年**：いや，結構。じゅうぶん食べたよ。
▶選択肢の意味は，**1**「私はイタリア語を話します」，**2**「おながいっぱいです」，**3**「どういたしまして」，**4**「新しいレストランを知っています」。
(3) **少年1**：やあ，ジェームズ。いっしょにサッカーをしよう。
少年2：ごめん，健。**図書館へ行くところなんだ**。そこで宿題をするつもりなんだ。
▶選択肢の意味は，**1**「図書館へ行くところです」，**2**「放課後，テニスをします」，**3**「学校へは電車で行きます」，**4**「サッカーボールは持っていません」。

3 (1) **3**　　(2) **2**
解説 (1) I (take flute lessons every Tuesday).
▶「～のレッスンを受ける」は take ～ lessons。
(2) Judy (didn't have time for lunch) today.
▶「～の時間がある」は have time for ～。

06 go, get, come の熟語　　27ページ

(1) **2**　　(2) **1**　　(3) **3**　　(4) **4**
(5) **2**　　(6) **2**
解説 (1) A：どうしましたか。ねむそうですね。
B：昨日は宿題がたくさんありました。私は**寝た**のが遅かったのです。
▶ went は go の過去形です。
(2) A：いつ日本へ**戻ってきた**のですか，スミス先生。
B：先週だよ。カナダでの滞在を楽しんだよ。
(3) 私が学校から**帰宅した**とき，母はラジオを聞いていました。
▶ came は come の過去形です。
(4) A：今週末，私とキャンプへ行きませんか，ジャック？
B：いいですね！
(5) ジュディーは空港に**着いた**ときに私に電話をかけてきました。
▶ got は get の過去形です。
(6) **少女**：何を作っているの？　**少年**：クッキーだよ。
少女：おいしそうね！　1つ食べてもいい？
少年：もちろん，どうぞ。好きなだけ食べていいよ。
▶選択肢の意味は，**1**「ありがとう，でも満腹です」，**2**「もちろんです，さあどうぞ」，**3**「あなたはそれらを作ることができます」，**4**「もちろんだめです」。

07 have, take, look の熟語　　29ページ

(1) **2**　　(2) **1**　　(3) **2**　　(4) **2**　　(5) **4**

解説 (1) A：あの男性はだれですか。彼はジョンによく**似ています**。
B：あれはジェームズだよ。彼はジョンのお兄さんだよ。
(2) A：この前の日曜日はどこへ行ったの，マイク。
B：公園だよ。そこで**散歩する**のが好きなんだ。
(3) A：すみません。白いブラウスを**探している**のですが。　B：わかりました。こちらはいかがですか。
(4) **少年**：コンサートに行くところなんだ。
少女：わあ，すてきね。**楽しんできてね**。
少年：ありがとう。そうするよ。
(5) I (had a bad cold last) week.
▶ bad は cold（かぜ）の前におきます。

08 そのほかの動詞の熟語　　31ページ

(1) **1**　　(2) **2**　　(3) **3**　　(4) **3**
(5) **3**　　(6) **4**
解説 (1) A：どこかで私のチケットを見た？　B：きみの机の上で見たよ。**急いで**，ミッキー。コンサートは7時に始まるわよ。
▶選択肢の意味は，**1**「急ぐ」，**2**「遅くなる」，**3**「曲がる」，**4**「行く」。hurry up で「急ぐ」の意味です。
(2) A：夏休みに何をしましたか。　B：私は長野の祖母**の家に泊まりました**。楽しく過ごしました。
▶選択肢の意味は，**1**「到着した」，**2**「滞在した」，**3**「住んだ」，**4**「作った」。stay with ～ で「(人)の家に泊まる」。
(3) アンディーは明日，京都**に向けて出発する**予定です。
▶選択肢の意味は，**1**「住む」，**2**「取る」，**3**「出発する」，**4**「訪ねる」。
(4) A：理科が得意ではないんだ。**私の理科の宿題を手伝ってください**。　B：いいよ。図書館でやろう。
▶ help 人 with ～で「(人)の～を手伝う」の意味です。
(5) A：飛行機は何時に空港に**到着**しますか。
B：9時ごろです。
▶選択肢の意味は，**1**「訪ねる」，**2**「行く」，**3**「到着する」，**4**「出発する」。arrive at ～ で「～に到着する」。
(6) 質問の talk about ～は「～について話す」の意味。選択肢は，**1**「デパート」，**2**「かっこいいTシャツ」，**3**「ジュディーへのプレゼント」，**4**「ジャックへのプレゼント」。

▶**読まれた英文と意味**
A：Hi, Judy.　Did you buy a present for Jack?
（やあ，ジュディー。ジャックへのプレゼントは買った？）
B：No.　How about you?（いいえ。あなたはどう？）
A：I bought a cool T-shirt.
（かっこいいTシャツを買ったよ。）
B：That's nice.　I'll go to the department store to

get something today.
（それはいいわね。今日，何かを買いにデパートに行ってみるわ。）
Question：What are they talking about?
（質問：彼らは何について話していますか。）

09 形容詞を使った熟語 ― 33ページ

(1) **2**　(2) **4**　(3) **3**　(4) **2**
(5) **4**　(6) **3**

解説 (1) A：ご注文はお決まりです（＝注文する**準備はできています**）か。
B：ええ。スパゲッティをお願いします。
▶選択肢の意味は，**1**「よい」，**2**「用意ができた」，**3**「遅い」，**4**「すまなく思って」。
(2) A：すみません。紅茶を1杯ください。
B：わかりました。はい，どうぞ。
▶ a cup of ～で「カップ1杯の～」という意味です。
(3) 私の兄はテニス**が得意**です。彼はプロのテニス選手になりたがっています。
▶選択肢の意味は，**1**「人気のある」，**2**「有名な」，**3**「よい，上手な」，**4**「親切な」。
(4) 湖の周りには**たくさんの**花が咲いていました。
▶ a lot of ～で「たくさんの～」という意味です。
(5) A：なぜ授業に**遅れた**のですか。
B：すみません，ジョーンズ先生。寝坊しました。
▶ be late for ～で「～に遅れる」という意味です。
(6) (I was sick in bed) yesterday.
▶「病気で寝ている」は be sick in bed です。

10 「時」「場所」を表す熟語 ― 35ページ

(1) **2**　(2) **3**　(3) **2**　(4) **4**　(5) **4**

解説 (1) A：あなたは**将来**何になりたいですか。
B：私は歌手になりたいです。
▶選択肢の意味は，**1**「時，時間」，**2**「将来」，**3**「日，1日」，**4**「明日」。in the future で「将来（は）」。
(2) A：この本はとてもおもしろいです。読みましたか。
B：もちろん。それは**世界中で**人気があります。
▶ all over the world で「世界中で」という意味です。
(3) A：いっしょにサッカーをしよう。　B：ごめん，トム。**すぐに**家に帰らなくちゃいけないんだ。
▶ at once で「すぐに，ただちに」という意味です。
(4) A：あなたは**どんな種類の**動物が好きですか。
B：私はパンダが大好きです。
▶選択肢の意味は，**1**「違った，異なる」，**2**「大好きな」，**3**「人気のある」，**4**「種類」。what kind of ～で「どんな種類の～」。kind には形容詞で「親切な」という

意味もあります。
(5) The woman (in front of that store is) my mother.
▶ in front of ～（～の前に）のまとまりが The woman を後ろから修飾する形に注意が必要です。

予想テスト　いろいろな熟語・前置詞 ― 38ページ

1 (1) **2**　(2) **4**　(3) **1**　(4) **2**
(5) **4**　(6) **1**　(7) **4**

解説 (1) A：あなたはどんな種類のスポーツが好きですか。　B：私は球技が大好きです。**例えば**，野球やサッカーです。
▶ for example で「例えば」という意味です。
(2) A：私は来週，ロサンゼルスに行く予定です。
B：いいですね。**旅行を楽しんできてください**。
▶ Have a nice trip. で「楽しいご旅行を」「旅行を楽しんでね」などの意味です。
(3) 昔，この通りの**向こう側に**スーパーがありました。
▶選択肢の意味は，**1**「～の向こう側に，～を横切って」，**2**「～の上に」，**3**「～の上に」，**4**「～といっしょに」。
(4) A：夏休みの**間は**何をする予定ですか。
B：大阪にいる祖父母を訪ねる予定です。
▶ between は「2つの間に」，among は「3つ以上の間に」の意味で使います。during はある特定の期間について「～の間に」というときに使います。
(5) ジャックは毎朝，**コップ1杯**の水を飲みます。
▶選択肢の意味は，**1**「皿」，**2**「バッグ」，**3**「皿」，**4**「コップ」。a glass of ～で「コップ1杯の～」。
(6) A：あなたは新しい英語の先生を知っていますか。彼はどこの**出身**ですか。　B：彼はカナダ人です。でも大学生時代はアメリカに住んでいました。
▶選択肢の意味は，**1**「来る」，**2**「住む」，**3**「取る」，**4**「行く」。come from ～で「～の出身である」。
(7) 彼女の歌は日本で**ますます**人気になっています。
▶ more and more で「ますます」という意味です。

2 (1) **4**　(2) **3**　(3) **2**

解説 (1) **息子**：うまく自転車に乗れないよ。　父：あきらめないで，やればできるよ。もう一度やってごらん。
▶選択肢の意味は，**1**「ところで」，**2**「いい考えだ」，**3**「よさそうだ」，**4**「あきらめるな」。
(2) 母：もう寝なさい，エリック。**テレビを消しなさい**。
息子：このテレビ番組を最後まで見てもいい？　あとほんの少しなんだ。
▶選択肢の意味は，**1**「宿題をしなさい」，**2**「友達に電話をしなさい」，**3**「テレビを消しなさい」，**4**「映画を見に行こう」。

(3) **少年**：もしもし，ビルです。次郎をお願いします。
少女：すみませんが，今，外出中です。**伝言を聞きましょうか**。 **少年**：あとでかけ直します。ありがとう。
▶選択肢の意味は，**1**「伝言をお願いできますか」，**2**「伝言を聞きましょうか」，**3**「よい週末を」，**4**「彼は新しい携帯電話を持っています」。

3 (1) **1**　(2) **1**
解説 (1) Did (you become friends with him) quickly?
▶「～と友達になる」は become friends with ～。
(2) I (helped my sister with her homework) last night.
▶「(人)の宿題を手伝う」は help 人 with one's homework と表します。

11　過去の文
41ページ
(1) **4**　(2) **1**　(3) **1**　(4) **2**　(5) **1**
解説 (1) 私たちはこの前の金曜日に遠足で小田原に行きました。友達と私は小田原城を訪れ，そこで絵をかきました。
▶ went, last Friday, visited より過去の文です。draw の過去形は drew です。
(2) A：本田さんは今朝，成田空港に**到着**しましたか。
B：はい。彼は 10 時に着きました。
▶過去の疑問文。動詞は原形を使います。
(3) A：この前の週末はどこへ行きましたか。
B：私は父と湖に行きました。そこで魚をたくさん**釣**りました。
▶選択肢は，**1** catch (捕る)，**2** teach (教える)，**3** make (作る)，**4** draw (かく)の過去形です。
(4) 雪が激しく降っていたので，私はコンサートホールまでタクシーで**行きました**。
▶選択肢は，**1** see (見る)，**2** go (行く)，**3** worry (心配する)，**4** arrive (到着する)の過去形です。
(5) My grandfather (told me about the history of) this town.
▶「私に～について話す」は tell me about ～と表します。told は tell の過去形です。

12　was, were の文
43ページ
(1) **4**　(2) **3**　(3) **2**　(4) **3**　(5) **1**
解説 (1) 姉と私は昨夜はおなかがすいていました。
▶ last night から過去の文と判断できます。My sister and I は複数の主語なので，were が適切です。
(2) 私はそのとき電話で**話**をしていました。
▶空所の前に was があるので，過去進行形の文にす

るのが適切です。ing 形の動詞を選びます。
(3) **少女**：ジュディーの誕生日パーティーは楽しかったですか。
少年：うん。とても楽しかったよ。たくさんの人がいたよ。
▶選択肢の意味は，**1**「そこへは行きませんでした」，**2**「とても楽しかった」，**3**「私は家にいませんでした」，**4**「彼女の誕生日は明日です」。
(4) What (were you doing in your room) last night?
▶疑問詞 what のあとに，were you doing ～? の疑問文の形を続けます。
(5) Where were ～? は場所をたずねる疑問文なので，場所を答えます。
▶**読まれた英文と意味**
A：Did you see Bob?（ボブを見かけた？）
B：Yes. He was doing math homework with Yoko.（うん。彼は陽子と数学の宿題をやっていたよ。）
A：Really? Where were they?
（本当？どこにいたの？）
1 In the classroom.（教室です。）
2 At eight o'clock.（8 時です。）
3 They were studying.（彼らは勉強をしていました。）

13　will, be going to の文
45ページ
(1) **2**　(2) **3**　(3) **3**　(4) **1**
(5) **3**　(6) **2**
解説 (1) デイビッドと私は次の日曜日に野球の試合を見るつもりです。
▶ be going to を使った未来の文にします。主語が複数なので，are を入れるのが適切です。
(2) A：ああ，どうしよう。財布を忘れてしまった。
B：心配しないで。私がお金を**貸**しますよ。
▶ will は「～します」とその場で決めたことを言うときにも使います。
(3) マイクは昨日，病気でした。なので，彼は今日は学校へ**来ない**でしょう。
▶ will など助動詞に続く動詞はいつでも原形(もとの形)を使います。won't は will not の短縮形です。
(4) 彼女は次の週末は公園を**走らない**でしょう。
▶ be going to の否定文は，be 動詞のあとに not を入れます。ここでは isn't が適切です。
(5) (What are you going to do) next Sunday?
▶ What のあとに are you going to ～? と続けます。
(6) (My grandmother will be eighty next) month.
▶ will のあとに is の原形 be を続けます。

14 「〜しなければならない」の文
47ページ

(1) **2** (2) **4** (3) **4** (4) **4** (5) **2**

解説 (1) A：あなたは作文を提出しましたか。
B：まだです。水曜日までに終わらせ**なければなりません**。
▶話の流れから、「〜しなければならない」という意味の must を入れるのが適切です。
(2) 健は今日の放課後、母親を**手伝わなければなりません**。
▶空所の前の has に着目します。have[has] to 〜 で「〜しなければならない」という意味です。
(3) 少年：シンディー、今日の午後テニスをするのはどうですか。　少女：ごめんなさい、できないわ。今日は家にいなければならないの。
▶選択肢の意味は、**1**「あなたはよいテニス選手になるでしょう。」、**2**「公園で会いましょう。」、**3**「私は新しいラケットが欲しいです。」、**4**「私は今日は家にいなければなりません」。
(4) (Do I have to practice the piano) every day?
▶ have to 〜の疑問文は、ふつうの一般動詞の疑問文と同じように、Do や Does で始めます。
(5) Anna, you (don't have to take your umbrella) with you today.
▶ have to の前に don't や doesn't を入れます。have to 〜は否定文では「〜する必要はない」という意味になることも覚えておきましょう。

15 to ＋動詞の原形、動名詞
49ページ

(1) **2** (2) **3** (3) **3** (4) **1** (5) **2**

解説 (1) 妹と私はパンダを**見るために**動物園へ行きました。
▶ to see を入れると、「見るために」という意味で went（行った）の目的を表すことができます。
(2) A：あなたはお皿を**洗い終わり**ましたか。
B：はい。次は何をしましょうか、お母さん。
▶ finish に続く動詞の形は動名詞だけです。washing が適切です。finish には〈to＋動詞の原形〉は続きません。
(3) A：あなたはどの国へ**行きたい**ですか。
B：イタリアです！　私はピザが大好きです。
▶ to go が続いているので、want が適切です。to go の形は **2** enjoy, **4** stop の目的語にはなりません。
(4) Do you (have something cold to drink)?
▶〈to＋動詞の原形〉は、something や anything などを後ろから修飾することもあります。また、cold は something と to drink の間に入れます。
(5) 選択肢の意味は、**1**「ピアノのレッスンを受ける。」、**2**「バイオリンを弾く。」、**3**「ピアノに挑戦する。」、**4**「新しいバイオリンを探す」。

▶**読まれた英文と意味**
Lucy started taking piano lessons when she was five. She likes playing the piano, but she wants to try a different musical instrument, too. Now she's looking for a violin teacher.（ルーシーは5歳のときピアノのレッスンを受け始めました。彼女はピアノを弾くのは好きですが、別の楽器にも挑戦してみたいと思っています。今、彼女はバイオリンの先生を探しています。）
Question：What does Lucy want to do?
（質問：ルーシーがしたいことは何ですか。）

予想テスト　過去・未来・助動詞・不定詞・動名詞
52ページ

1 (1) **2** (2) **3** (3) **2** (4) **2**

解説 (1) A：週末はどうでしたか、エミリー。
B：楽しかったです。私は友達とおしゃべりして楽しみました。
▶ enjoy に続く動詞は〜ing の形になります。
(2) A：どこにいたの、勇太。お母さんが探していたよ。
B：庭にいたよ。犬を洗ってたんだよ。
▶過去の文。主語が I なので、was を選びます。
(3) そのバスは3分前に横浜に向けて**出発しました**。
▶〜 ago とあるので、過去の文と判断できます。leave は不規則に変化する動詞で、過去形は left です。
(4) A：こんにちは、エイミー。昨夜、あなたに電話をしたんだよ。　B：ごめんね、カレン。そのとき、お風呂に入っていたの。
▶直前の was に注目。過去進行形の文にします。taking が適切です。

2 (1) **3** (2) **3** (3) **1**

解説 (1) 生徒：スミス先生、今レポートを終わらせなければなりませんか。　先生：いいえ、その必要はないよ。私のところに金曜日までに持ってきてください。
▶選択肢の意味は、**1**「はい、私はそれをしなければなりません。」、**2**「あなたはここで勉強できます。」、**3**「いいえ、その必要はありません。」、**4**「私はあなたのレポートを読むべきです」。
▶ don't have to 〜は「〜する必要はない」、should は「〜すべきだ」「〜したほうがよい」の意味。
(2) 少女：今年の夏は何をする予定ですか。
少年：家族と外国へ行く予定なんだ。待ちきれないよ。
▶選択肢の意味は、**1**「祖父母を訪ねました。」、**2**「何もすることがありませんでした。」、**3**「家族と外国へ行く予定です。」、**4**「夏が好きではありません」。

(3) 少年1：理科のテストはよくできなかったよ。
少年2：もっと熱心に勉強するべきだよ、ビリー。いっしょに勉強しよう。
▶選択肢の意味は、1「あなたはもっと熱心に勉強するべきです」、2「あなたは数学が得意です」、3「私はもう家に帰らなければなりません」、4「明日は晴れるでしょう」。

3 (1) **2** (2) **4**

解説 (1) My sister (will come back from Paris) next week.
▶will のあとに動詞を続けます。「～から戻ってくる」は come back from ～ と表します。
(2) Sally (looked in the mirror to check her) new hairstyle.
▶「確かめるために」を〈to＋動詞の原形〉を使って表します。「鏡を見る」は look in the mirror です。

4 (1) **3** (2) **4**

解説 選択肢の意味は、(1) 1「犬小屋を作る。」、2「金づちを使う。」、3「赤いペンキを持ってくる。」、4「木を切る。」、(2) 1「獣医」、2「医者」、3「教師」、4「歌手」。

▶読まれた英文と意味
(1) A : What are you doing, Henry?
（何をしているの、ヘンリー。）
B : I'm making a bird house, Lisa.
（鳥小屋を作っているんだ、リサ。）
A : Do you use this hammer?（この金づちを使う？）
B : I don't need it now. Please bring red paint to me.（今は必要ないよ。赤のペンキを持ってきて。）
Question : What will Lisa do next?
（質問：リサは次に何をしますか。）
(2) A : I want to be a vet.（ぼくは獣医になりたい。）
B : Why?（なぜ。）
A : I want to help sick animals. How about you?
（病気の動物たちを助けたいんだ。きみはどう？）
B : I like singing. My dream is to be a singer.
（私は歌うのが好きなの。私の夢は歌手になることよ。）
Question : What does the girl want to be?
（質問：少女は何になりたいのですか。）

16 文と文をつなぐ語
55ページ

(1) **4** (2) **3** (3) **4** (4) **2** (5) **3**

解説 (1) A：あなたの宿題が終わったあと、テニスをしよう。 B：いいね。30分ぐらいで終わらせるよ。
▶選択肢の意味は、1「なぜならば」、2「～する前に」、3「～ということ」、4「～したあとに」。
(2) A：もし使っていないのなら、あなたのグローブを貸してもらえますか。
B：いいよ。でも、金曜日までに返してください。

▶選択肢の意味は、1「～する前に」、2「～したあとで」、3「もし～ならば」、4「～ということ」。
(3) Please (call me when you arrive) at the airport.
▶「着いたら」は「着いたとき」と考えましょう。when のあとに主語と動詞を続けます。
(4) I (am studying because I have) a test tomorrow.
▶理由を表すときは、because を使います。
(5) Cindy took a deep breath (before she went into the classroom).
▶「～する前に」は before を使います。take a deep breath は「深呼吸する」という意味です。

17 比べる言い方
57ページ

(1) **3** (2) **2** (3) **2** (4) **3**
(5) **2** (6) **4**

解説 (1) 法隆寺は世界でいちばん古い木造建築です。
▶空所の前に the があり、あとに in ～ とあるので、最上級を入れるのが適切です。
(2) この新しい車はあの古い車よりも速く走ります。
▶「～よりも」と言うときには than を使います。
(3) A：たくさん本を持っているのね、ジェイソン。
B：ぼくは本を読むのが好きなんだ。ぼくは兄よりもたくさんの本を持っているんだ。
▶many の比較級 more（より多くの）を入れます。many は、more — most と不規則に変化します。
(4) A：スミス先生、もっとゆっくり話していただけませんか。 B：わかりました、久美。
▶slowly は前に more, most をつけて比較級・最上級を作ります。
(5) ジェーンは彼女の友達の太郎よりも日本の文化についてよく知っています。
▶know ～ well で「～をよく知っている」です。than があるので well の比較級 better が入ります。
(6) (This DVD is the most interesting in) this shop.
▶interesting のように、つづりの長い語は前に more, most をおいて比較級・最上級を作ります。

18 注意すべき比較の文
59ページ

(1) **2** (2) **1** (3) **4** (4) **2**
(5) **1** (6) **2**

解説 (1) A：私はイチゴが大好きです。あなたはどう、マリア？ B：私も果物が好き。でも、イチゴよりもモモのほうが好きです。
▶like A better than B で「B よりも A のほうが好き」

という意味になります。
(2) 日本はドイツと**同じくらいの大きさ**です。
▶ as ～ as …で「…と同じくらい～」という意味です。asとasの間には変化しないもとの形が入ります。
(3) A：こちらはあなたのお兄さんですか，ジョー。とても背が高いですね。
B：そうです。私は兄**ほど背が高くありません**。
▶ not as ～ as …で「…ほど～ではない」の意味。
(4) A：理科と社会では，**どちらが**好きですか。
B：理科です。
▶「どちらが～」とたずねる，Which を入れます。
(5) What kind of (music do you like the best)?
▶「いちばん好き」と言うときは，like ～ the best を使います。the は省略されることもあります。
(6) I (can play the violin as well as) my friend Yuki.
▶「…と同じくらい上手に」は，as well as …。

19 語順に注意する文型　61ページ

(1) **2**　(2) **3**　(3) **2**　(4) **2**　(5) **4**

解説 (1) トムは若いころ病気の人たちを助けたいと思っていました。ついに，彼は**医者になりました**。
▶選択肢の意味は，1「～だった」，2「～になった」，3「勉強した」，4「言った」。
(2) A：疲れて**見えるよ**，ジュディー。大丈夫？
B：ええ，ありがとう，健。昨日，すべき仕事がたくさんあったの。
▶選択肢の意味は，1「話す」，2「～になる」，3「～に見える」，4「与える」。look はあとに形容詞が続くと「～に見える」の意味になります。
(3) A：あなたはお兄さんのビルにプレゼントを買った？　B：はい。昨日，デパートに行ったよ。**彼にサッカーボールをあげる**つもりだよ。
▶ give はあとに「人→物」の順で目的語を２つ取ることができます。「人」にあたる語が，「彼」「彼女」などの代名詞のときは，him, her の形を使います。
(4) I'll (show you my favorite photo).
▶〈show 人 物〉の語順で「（人）に（物）を見せる」という意味になります。
(5) Could you (tell me the way to the city hall)?
▶ tell もあとに「人→物」の順で語句が続いて，「（人）に（物）を教える」という意味になります。

20 「～がある」「～しなさい」の文　63ページ

(1) **2**　(2) **4**　(3) **1**　(4) **1**
(5) **3**　(6) **3**

解説 (1) 昨年の春，私の庭には花がたくさん**咲いて**いました。
▶ There is[are] ～. で「～がある，～がいる」の意味。ここではあとの語が flowers と複数で過去の文なので，There were ～. となります。
(2) A：孝子，**気をつけて**。そのスープ皿はとても熱いよ。　B：わかったわ，マイク。ありがとう。
▶ be 動詞の命令文です。もとの形の be を入れます。
(3) 私たちの市には大きなショッピングセンター**があります**。
▶あとの語句が a large shopping center と単数なので，is を入れるのが適切です。
(4) 母：**起きなさい**，ダニエル。朝食の時間よ。
息子：今日は日曜日だよ，お母さん。ねむりたいよ。
▶選択肢の意味は，1「起きなさい」，2「寝なさい」，3「私はスーパーへ行きます」，4「昼食の用意ができました」。
(5) 男性：すみません。このあたりに銀行はありますか。
少女：いちばん近い銀行は次の角にあります。
▶選択肢の意味は，1「私は昨日銀行へ行きました。」，2「何時ですか。」，3「このあたりに銀行はありますか。」，4「あなたはいつそこへ行きましたか」。
(6) (There are a lot of good places to) visit in Tokyo.
▶〈to ＋動詞の原形〉が名詞 places を後ろから修飾する形にすることにも注意しましょう。

予想テスト　接続詞, 比較, SVC・SVOO の文, There is ～.　66ページ

1 (1) **2**　(2) **3**　(3) **3**　(4) **2**
(5) **4**　(6) **3**

解説 (1) A：クラブでいちばん上手な選手はだれですか。
B：ジョンです。彼はとても上手な選手です。
▶前に the があるので，最上級 best を入れます。
(2) A：あなたはおじいさんが好きですか。　B：はい。彼は私たちにいつもおもしろい**話をしてくれます**。
▶選択肢の意味は，1「話す」，2「聞く」，3「伝える」，4「言う」。選択肢の中では，「人→物」の順で語を続けられるのは，tell だけです。
(3) テーブルの上にカップがいくつかあります。ジュディーはそれらをとても気に入っています。
▶ some cups と複数形が続いているので，is ではなく are を入れます。
(4) A：夕食に**遅れないでね**，ケイト。
B：わかりました，お母さん。
▶ Don't ～. で「～してはいけません」という意味です。Don't のあとには動詞の原形を続けます。ここで

は，be動詞の原形beを入れるのが適切です。
(5) A：ピザかスパゲッティを食べたいですか。
B：スパゲッティをください。
▶「AまたはB」という意味で，どちらかを選ばせるときには，orを使います。
(6) これは日本でいちばん高いタワーです。
▶前にtheがあることに着目しましょう。tallの最上級はtallestです。

2 (1) **1** (2) **1** (3) **4** (4) **1**
解説 (1) Did (you send her a Christmas present)?
▶「(人)に(物)を送る」と言うときは，〈send 人 物〉の語順で表します。
(2) I was (listening to music when he visited) me.
▶「〜のとき…」と言うときは，whenを使います。
(3) (Come home before it gets) dark, John.
▶命令文なので，動詞で文を始めます。「〜する前に」はbeforeを使います。また，getはあとに形容詞が続いて，「〜になる」という意味を表します。
(4) I (can't speak Chinese as well as) my brother.
▶「…ほど〜ではない」はnot as 〜 as …を使います。

3 (1) **3** (2) **3**
解説 選択肢の意味は，(1) **1**「色」，**2**「青」，**3**「緑」，**4**「茶色」，(2) **1**「ジュディー」，**2**「ジュディーの母」，**3**「ベンの父」，**4**「ベンの母」。
▶読まれた英文と意味
(1) A：You look nice in that blue dress.
(その青いドレスよく似合っているよ。)
B：Thank you, Rick. I like its color.
(ありがとう，リック。色が気に入っているの。)
A：Do you like blue?（青が好きなの？）
B：Yes. But my favorite color is green.
(ええ。でもいちばん好きな色は緑よ。)
Question：What color does the girl like the best?
(質問：少女がいちばん好きなのは何色ですか。)
(2) A：Happy birthday, Ben. This is for you.
(誕生日おめでとう，ベン。これをどうぞ。)
B：I wanted a cap like this. Thanks, Judy.
(こんな帽子が欲しかったんだ。ありがとう，ジュディー。)
A：Did you get any other presents?
(ほかにプレゼントをもらった？)
B：Dad gave me a dictionary, and Mom gave me soccer shoes.
(父が辞書を，母がサッカーシューズをくれたよ。)
Question：Who gave Ben a dictionary?
(質問：ベンに辞書をあげたのはだれですか。)

21 許可・依頼の表現
69ページ
(1) **1** (2) **2** (3) **4** (4) **3** (5) **2**

解説 (1) 少女1：おばあちゃんがリンゴをたくさん送ってくれたの。**いくつか取りに来ない**，キャシー？
少女2：ごめんなさい，今日は家にいなければならないの。明日はどう？
▶選択肢の意味は，**1**「いくつか取りに来てくれますか。」，**2**「リンゴを食べますか。」，**3**「リンゴをくれませんか。」，**4**「それらはいくらですか」。
(2) 娘：お母さん，おなかがすいたよ。**チョコレートを食べてもいい？**
母：いいわよ。でも，食べすぎてはだめよ。
▶選択肢の意味は，**1**「何を作っているのですか」，**2**「チョコレートを食べてもいいですか」，**3**「あなたのかばんを見てもいいですか」，**4**「台所はどこですか」。Can I 〜 ? も May I 〜 ? も許可を求めるときに使いますが，May I 〜 ? のほうがていねいな言い方です。
(3) 少女：これはあなたのコンピュータですか，ビル。見てもいい？　少年：もちろん。昨日，買ったんだよ。
▶選択肢の意味は，**1**「いいえ，結構です」，**2**「それは私のではありません」，**3**「どういたしまして」，**4**「いいですよ」。
(4)(5) Can I 〜 ?, Can you 〜 ? に「いいですよ。」と応じるときは，Sure. や Of course. などを使います。
▶読まれた英文と意味
(4) A：Can you help me, Emily?
(助けてくれますか，エミリー。)
B：What's wrong, Mike?（どうしたの，マイク。)
A：I have to call Mr. Smith. Can I use your cell phone?（スミスさんに電話をかけなければならないんだ。きみの携帯電話を使ってもいい？）
1 I'll call you later.（あとで電話します。）
2 I want a new one.（私は新しいのが欲しいです。）
3 Sure. Here you are.（いいわよ。はい，どうぞ。）
(5) A：Did you enjoy the dinner, Tom?
(食事は楽しみましたか，トム。)
B：Yes, everything was delicious. Where should I put the dishes?（はい，全部おいしかったです。お皿はどこに置けばいいでしょうか。）
A：Can you carry them to the kitchen?
(お皿は台所へ運んでくれますか。)
1 Sorry, I'm hungry.（すみませんが，空腹です。）
2 Of course.（もちろん。）
3 They are heavy.（それらは重いです。）

22 すすめる・誘う表現
71ページ
(1) **2** (2) **4** (3) **1** (4) **1** (5) **3**
解説 (1) 母：もう1杯お水はどう，デイビッド。
息子：うん，ちょうだい。のどがかわいています。

▶選択肢の意味は，**1**「いいえ，結構です」，**2**「はい，お願いします」，**3**「いいですよ，はいどうぞ」，**4**「私は新しいコップが欲しいです」。

(2) **少女**：明日はパーティーをします。**あなたも来ませんか**。 **少年**：それはいいね。花を持っていくよ。

▶選択肢の意味は，**1**「パーティーはいつですか」，**2**「スパゲッティはいかがですか」，**3**「学校で彼女に会いましたか」，**4**「来ませんか」。

(3) (Would you like a piece of) pizza?

▶「〜はいかがですか」とていねいにすすめるときはWould you like 〜? を使います。

(4)(5) Would you like 〜? や Do you want to 〜? に応じるときは Sure. がよく使われます。ものをすすめられて断るときは No, thank you[thanks].（いいえ，結構です。）をよく使います。

▶読まれた英文と意味

(4) A : Did you like the pudding?
（プディングは気に入りましたか。）
B : I liked it very much.（とても気に入りました。）
A : Would you like some more?
（もう少しいかがですか。）
1 No, thanks. I'm full.（いいえ，結構です。満腹です。）
2 I like apple pie.（私はアップルパイが好きです。）
3 Have a good time.（楽しんでください。）

(5) A : I have two tickets to a baseball game. Are you interested in baseball?（野球の試合のチケットを2枚持っています。野球に興味がありますか。）
B : Yes. I'm a member of the baseball team.
（はい。私は野球部のメンバーです。）
A : Really? Do you want to come to the game with me?
（本当？ 私といっしょに試合に行きませんか。）
1 Sorry, I don't like it.
（すみませんが，好きではありません。）
2 Me, too.（私もです。）
3 Sure. Thank you.（もちろんです。ありがとう。）

23 提案・感想を聞く表現
73ページ

(1) **3** (2) **4** (3) **4** (4) **2** (5) **1**

解説 (1) A：メグ，今日の数学のテストはどうでしたか。 B：私は数学があまり好きではありません。でも，ベストをつくしました。

▶ How was 〜? で「〜はどうでしたか」という意味です。

(2) **女性**：セーターを探しています。孫息子へのプレゼントなんです。 **店員**：こちらはいかがですか。この色は若い人の間で人気があります。

▶選択肢の意味は，**1**「セーターは扱っておりません」，**2**「何をお探しですか」，**3**「お孫さんはお元気でしたか」，**4**「こちらはいかがですか」。

(3) George, (how do you like my) new skirt?

▶「〜はどうですか」と感想をたずねるときは，How do you like 〜? を使います。

(4) How was 〜?（どうでしたか）とたずねられているので，感想を答えるのが適切です。

(5) How about 〜?（〜はどうですか）には，(That) sounds good.（よさそうですね。）や That's a good idea.（いい考えですね。）などのように応じます。

▶読まれた英文と意味

(4) A : What did you do this weekend?
（この週末は何をしましたか。）
B : I went to the art museum.（美術館へ行きました。）
A : How was it?（どうでしたか。）
1 Yes, please.（はい，お願いします。）
2 It was great.（すばらしかった。）
3 I'll see you.（またね。）

(5) A : Ms. Williams will leave Japan next month.
（ウィリアムズ先生が来月日本を去ります。）
B : I want to do something for her.
（彼女のために何かしたいですね。）
A : How about singing English songs?
（英語の歌を歌うのはどう？）
1 Sounds good.（よさそうですね。）
2 It looks nice.（すてきに見えます。）
3 I'll do that again.（もう一度それをやってみます。）

24 whatの疑問文
75ページ

(1) **2** (2) **1** (3) **4** (4) **3** (5) **1**

解説 (1) **少年1**：日本で何をする予定ですか。
少年2：京都へ行くつもりです。たくさんのお寺に行きたいのです。

▶選択肢の意味は，**1**「私はそこを訪れました」，**2**「私は京都を訪れるつもりです」，**3**「すみませんが，できません」，**4**「私は彼をとてもよく知っています」。

(2) **生徒**：私は先週上野動物園へ行きました。
先生：それはいいですね。どの動物が気に入りましたか。
生徒：パンダです！ とてもかわいかったです。

▶選択肢の意味は，**1**「どの動物が気に入りましたか」，**2**「いつ到着しましたか」，**3**「どう思いましたか」，**4**「どこで見ましたか」。

(3) (What kind of flowers do) you want to grow?

▶「どんな花」は「どんな種類の花」と考えて，What kind of flowers と表します。

(4) 作っている料理を具体的に答えるのが適切です。

(5) What size 〜? なので，大きさを答えます。

▶読まれた英文と意味

(4) A : It smells good.　I'm getting hungry.
(いいにおい。おなかがすいてきたわ。)
B : Do you want some, Aya?
(食べたいかい，彩？)
A : Yes.　What are you cooking?
(ええ。何を作っているの。)
1 It was good. (それはおいしかった。)
2 I like cooking. (私は料理が好きです。)
3 Chicken soup. (チキンスープだよ。)
(5) A : Can I help you, Ms. Brown?
(お手伝いしましょうか，ブラウン先生。)
B : Thank you, Yuta.　Please bring me a plastic bag. (ありがとう，勇太。ビニール袋を持ってきて。)
A : What size do you need?
(どのサイズが必要ですか。)
1 The biggest one, please.
(いちばん大きいのをください。)
2 Three, please. (3枚ください。)
3 A brown shirt, please. (茶色のシャツをください。)

25 人や理由のたずね方

77ページ

(1) **4**　(2) **3**　(3) **2**　(4) **3**　(5) **2**

解説 (1) A : ニナは**なぜ**今朝早く起きたのですか。
B : 朝食を作らなければならなかったからです。
▶ Because ～.(なぜなら，～なので)を使って理由を答えているので，Why(なぜ)を入れるのが適切です。
(2) **少年** : ベッキー，今週末のボランティア活動には参加できないよ。　**少女** : なぜ？　**少年** : 入院しているおじいちゃんを訪ねなければならないんだ。
▶ 選択肢の意味は，**1**「彼はだれですか。」，**2**「すみませんが，できません。」，**3**「どうしてできないのですか。」，**4**「私が手伝いましょう」。
(3) (Who is taking a shower right) now?
▶ 疑問詞 Who のあとにすぐ現在進行形の文が続くことに注意しましょう。
(4)(5) 選択肢の意味は，(4) **1**「ベスの」，**2**「ジャックの」，**3**「ベスの兄の」，**4**「ジャックの兄の」，(5) **1**「少年」，**2**「少年の母親」，**3**「少年の父親」，**4**「少年の両親」。

▶読まれた英文と意味

(4) A : Hi, Beth.　Is this your key?
(やあ，ベス。これはきみのカギ？)
B : Can I see it, Jack? (見せてくれる，ジャック。)
A : Here you are. (はい，どうぞ。)
B : No, it's not mine.　It's my brother's.
(いいえ，私のではないわ。私の兄のだわ。)
Question : Whose key is it?
(質問 : だれのカギですか。)
(5) My parents are both working.　So my father makes breakfast, and my mother makes dinner.
I help them on Sundays.
(私の両親は共働きです。なので，父が朝食を作り，母が夕食を作ります。私は日曜日には2人を手伝います。)
Question : Who cooks dinner?
(質問 : だれが夕食を作りますか。)

26 時・場所のたずね方

79ページ

(1) **4**　(2) **2**　(3) **1**　(4) **2**　(5) **1**

解説 (1) **少女** : 私たちのサッカークラブへようこそ，ロバート。**あなたはどこの出身ですか。**　**少年** : ぼくはオーストラリア出身です。ボブと呼んでください。
▶ 選択肢の意味は，**1**「彼はだれですか」，**2**「いつ日本に来ましたか」，**3**「オーストラリアはいかがですか」，**4**「あなたはどちらの出身ですか」。
(2) What (time are you going to) start the party?
▶「何時？」と時刻をたずねるときは，What time ～？を使います。be going to ～の疑問文を続けます。
(3) (Where can I check my baggage)?
▶「どこ？」と場所をたずねるときは Where で文を始めます。can の疑問文を続けます。
(4) What time ～？(何時ですか)と質問されているので，時刻を答えるのが適切です。
(5) When ～？(いつですか)と質問されているので，時を答えるのが適切です。

▶読まれた英文と意味

(4) A : Where shall we meet this Saturday, Kaori?
(今度の土曜日はどこで会おうか，香里。)
B : Let's meet at the library near my house.
(私の家の近くにある図書館で会いましょう。)
A : What time should I come?
(何時に行けばいい？)
1 On Friday. (金曜日です。)
2 At about three. (3時ごろです。)
3 I must go there. (私はそこへ行かなければなりません。)
(5) A : Your pen is nice. (あなたのペン，すてきね。)
B : Thank you, Kate.　My father bought it for me.
(ありがとう，ケイト。父が私に買ってくれたのです。)
A : When did he give it to you?
(いつお父さんからもらったの？)
1 Three years ago. (3年前です。)
2 At the shopping center. (ショッピングセンターです。)
3 I like it very much. (私はとても気に入っています。)

27 そのほかの how の疑問文

81ページ

(1) **2**　(2) **1**　(3) **3**　(4) **2**
(5) **4**　(6) **2**

解説 (1) A : このトンネルの**長さ**はどのくらいですか。　B : およそ100メートルです。

▶長さを答えているので, How long ～？が適切です。How old ～？は「古さ，年齢」, How many ～？は「数」, How much ～？は「値段」をたずねる文です。

(2) **女性**：このかさが欲しいのですが。**いくらですか**。
店員：85 ドルです，奥様。
▶選択肢の意味は，**1**「いくらですか。」，**2**「どのくらいの高さですか。」，**3**「いくつ持っていますか。」，**4**「何年たっていますか」。

(3) **少女**：ダンスのレッスンに行くところです。
少年：ああ，そうですか。どのくらいダンスのレッスンがあるのですか。
少女：週に 2 回です。
▶選択肢の意味は，**1**「4 時から 5 時までです」，**2**「夜です」，**3**「週に 2 回です」，**4**「3 日間です」。

(4) (How many teachers are there) in your school?
▶「いくつ？」「何人？」と数をたずねるときは How many で文を始めて，名詞の複数形を続けます。

(5) How ～？は交通手段をたずねるときにも使います。最終的には何で行くことにしたのかを聞き取りましょう。

(6) How old ～？には年齢や古さを答えます。数に注意して聞き取りましょう。

▶**読まれた英文と意味**
(5) A：Mom, my bike is broken.
（お母さん，ぼくの自転車が壊れているよ。）
B：Then walk to school today.
（じゃあ，今日は歩いて学校へ行きなさい。）
A：I'll be late for class!（授業に遅れちゃうよ！）
B：OK. I'll drive you to school.
（わかったわ。車で学校まで送っていくわ。）
Question：How will the boy go to school today?
（質問：少年は今日はどうやって学校へ行くでしょうか。）

(6) Sally is sixteen years old. She plays tennis with her grandpa every week. He's sixty years old, but he plays better than Sally.（サリーは 16 歳です。彼女は毎週おじいちゃんとテニスをします。彼は 60 歳ですが，サリーよりもテニスが上手です。）
Question：How old is Sally's grandfather?
（質問：サリーの祖父は何歳ですか。）

予想テスト 会話表現
84 ページ

1 (1) **4**　(2) **3**
解説 (1) A：これはだれの携帯電話ですか。私の机の下で見つけました。
B：私のです。ありがとう，ケリー。
▶mine（私のもの）と持ち主を答えていることから，Whose（だれの）とたずねる文にするのが適切です。

(2) A：牛乳かオレンジジュースはいかがですか。
B：オレンジジュースをください。
▶Would you like ～？で「～はいかがですか」の意味になります。ていねいにすすめるときの表現です。

2 (1) **2**　(2) **1**
解説 (1) **先生**：どうしましたか。具合が悪そうに見えます。　**生徒**：気分が悪いです。家に帰ってもいいですか，ブラウン先生。
▶選択肢の意味は，**1**「どちらさまですか」，**2**「どうしたのですか」，**3**「それはどうでしたか」，**4**「何を食べているのですか」。

(2) **少女**：この映画はわくわくしたわ。気に入ったわ。あなたはどう？
少年：ぼくは好きじゃなかったな。退屈だったよ。
▶選択肢の意味は，**1**「あなたはどうですか」，**2**「ごきげんいかがですか」，**3**「何についての映画でしたか」，**4**「それをどこで見ましたか」。

3 **2**
解説 (Could you take me to) the airport?
▶「～していただけますか」とていねいに頼むときは，Could you ～？を使います。

4 (1) **3**　(2) **2**　(3) **1**　(4) **3**
解説 (1) 電話でのやり取りです。よく出る決まったパターンなので覚えてしまいましょう。
(2) No problem. は会話表現でよく使われ，「いいですよ。お安いご用です」などの意味です。
(3) 道案内の場面です。Where ～？とたずねられているので，場所を答えるのが適切です。
(4) 何をする予定なのかを答えている文が適切です。

▶**読まれた英文と意味**
(1) A：Hello?（もしもし。）
B：Hello. This is Ken. Is Greg there?
（もしもし。健ですが。グレッグさんはいますか。）
A：Sorry, he's out now.（すみませんが，外出中です。）
1 Thank you for calling.（お電話ありがとう。）
2 Just a minute.（お待ちください。）
3 OK. I'll call back later.
（わかりました。あとでかけ直します。）

(2) A：Tony, are you free?（トニー，ひまなの？）
B：Yes, Mom. What is it?（うん，お母さん。何？）
A：Can you go to the supermarket and buy some milk?（スーパーに行って，牛乳を買ってきてくれる？）
1 See you later.（またあとで。）
2 No problem.（いいよ。）
3 That's not mine.（それは私のではありません。）

(3) A：Excuse me. Can I ask you something?
（すみません。おたずねしてもいいですか。）
B：Sure, go ahead.（もちろん，どうぞ。）

A : Where is the concert hall?
（コンサートホールはどこですか。）
1 It's on the next corner.（次の角にあります。）
2 I don't like music.（私は音楽が好きではありません。）
3 On January 15.（1月15日に。）
(4) A : Hello, Bill. Let's go to the zoo tomorrow.
（こんにちは，ビル。明日，動物園へ行きましょう。）
B : Sorry, I can't. I have plans.
（ごめん，行けないよ。予定があるんだ。）
A : What are you going to do?（何をする予定なの？）
1 I have nothing to do.（何もすることがありません。）
2 Animals are cute.（動物たちはかわいいです。）
3 Go to a piano lesson.
（ピアノのレッスンに行きます。）

5 (1) **1**　(2) **2**

解説 (1) 動物と車の本をすすめられ，息子は犬やネコが好きだと言っていることから考えましょう。
▶選択肢の意味は，**1**「動物についての本」，**2**「スポーツについての本」，**3**「車についての本」，**4**「帽子についての本」。
(2) 今日の放課後は用事があるが，明日は大丈夫だという話の流れを押さえましょう。
▶選択肢の意味は，**1**「今日」，**2**「明日」，**3**「放課後」，**4**「昨日」。

▶読まれた英文と意味

(1) A : May I help you?（何かお探しですか。）
B : I'm looking for a book for my son.
（息子のための本を探しています。）
A : These books are popular. This book is about animals. And this one is about cars.（これらの本が人気です。こちらは動物，こちらは車についての本です。）
B : He likes dogs and cats. So, I'll take this.
（彼は犬やネコが好きだから，これを買います。）
Question : What will the woman buy?
（質問：女性は何を買いますか。）
(2) A : Do you want to play tennis today?
（今日，テニスをしませんか。）
B : Sorry, I have to visit my grandma after school.
（すみませんが，放課後祖母を訪ねなければならないんだ。）
A : How about tomorrow?（明日はどう？）
B : Tomorrow is fine.（明日ならいいよ。）
Question : When will they play tennis?
（質問：彼らはいつテニスをしますか。）

28 お知らせの読み方

(1) **2**　(2) **3**

解説 (1) 質問は，「セールの期間はどのくらいですか。」という意味です。Date（日付，期日）の部分に着目します。8月1日から14日までの2週間です。
(2) 質問は，「無料の博物館の入場券は何人の人がもらえますか。」という意味です。free は「無料の」の意味です。Also, ～以下の英文に書かれています。無料のチケットがもらえるのは，20名のお客さんです。
▶お知らせの英文の意味

サマーセール
デューイ博物館ギフトショップで大きなセールがあります。
期日：8月1日から8月14日まで
時間：午前10時から午後4時30分まで
ポスターや絵葉書が30％オフです。また，最初の20名のお客様は博物館の無料入場券がもらえます。
この機会を逃さないでください！

29 メールの読み方

(1) **2**　(2) **4**　(3) **3**

解説 (1) 質問は，「ジョンは何を計画していますか。」という意味です。ジョンがメリーに送ったメールの本文の2文目から，新入生のための歓迎会を計画しているとわかります。
▶選択肢の意味は，**1**「ディナーパーティー」，**2**「歓迎会」，**3**「新年会」，**4**「誕生日会」。
(2) 質問は，「メリーはなぜパーティーに遅れるのですか。」の意味です。メリーの返信メールの本文の3文目に，フルートのレッスンがあると書かれています。
▶選択肢の意味は，**1**「ゲームをするからです。」，**2**「買い物に行くからです。」，**3**「コンサートに行くからです。」，**4**「フルートのレッスンがあるからです」。
(3) 質問は，「メリーは何をパーティーに持っていきますか。」という意味です。メリーの返信メールの本文の5，6文目からピンクの帽子とわかります。
▶選択肢の意味は，**1**「彼女のフルート」，**2**「彼女のオレンジ色のシャツ」，**3**「彼女のピンク色の帽子」，**4**「彼女の青色のくつ」。
▶メールの英文の意味

送信者：ジョン・ホワイト
宛先：メリー・ボーン
日付：2012年9月2日，9：08
件名：歓迎会
メリーへ，
スコット高校での新生活を楽しんでいることと思います。ぼくは新入生の歓迎会を計画しています。来られますか？　金曜日の午後4時から6時までです。3年生があなた方のために歌を歌います。それから，ゲームをします。ゲームで使うので，何かピンク色のものを身につけてきてください。楽しいですよ！
よろしく，
ジョン・ホワイト

> 送信者：メリー・ボーン
> 宛先：ジョン・ホワイト
> 日付：2012年9月2日，11：26
> 件名：少し遅れます
>
> こんにちは，ジョン，
> 私たちのためにパーティーを計画してくれてありがとうございます。とても楽しいパーティーになるでしょうから，行きたいです。でも，午後4時までブルービルディングでフルートのレッスンがあるので，10分くらい遅れてしまいます。それで大丈夫だといいのですが。家にピンクの帽子があります。それをパーティーに持っていきます。
> では，今度の金曜日にお会いしましょう，
> メリー

30 手紙の読み方　　　91ページ

(1) **2**　(2) **1**　(3) **4**

解説　(1) 質問は，「雪はどのくらいの間降りましたか。」という意味です。選択肢の意味は，**1**「2時間」，**2**「3時間」，**3**「5時間」，**4**「10時間」。第1段落3文目参照。

(2) 質問は，「ニッキーがわくわくしたのはなぜですか。」という意味です。選択肢の意味は，**1**「東京ではあまり雪が降らないから。」，**2**「学校がなかったから。」，**3**「雪だるまが大きかったから。」，**4**「父親の鼻が赤くなったから」。第1段落4文目参照。

(3) 質問は，「ニッキーと彼女の父親は何をしましたか。」という意味です。選択肢の意味は，**1**「彼らはスキーをしに行きました」，**2**「彼らは黒い帽子を買いました」，**3**「彼らはロンドンへ行きました」，**4**「彼らは外で遊びました」。第2段落3文目参照。

▶**手紙の英文の意味**　　　1月5日

ジェーンへ，
　この前の日曜日に東京で雪が降りました。雪は午前10時ごろから降り始めました。3時間後に降りやんだときには，家や道路は真っ白でした。ここではあまり雪は降らないので，わくわくしました。
　父と私は午後に小さな雪だるまを作りました。私たちは雪だるまに赤い鼻をつけ，頭には黒い帽子をかぶせました。私たちは2時間外で遊びました。
　ロンドンの天気はどうですか。あなたに会いにそのうちそちらに行きたいです。

敬具，
ニッキー

31 説明文の読み方　　　93ページ

(1) **1**　(2) **3**　(3) **1**　(4) **3**　(5) **1**

解説　(1) 質問は，「来月の試合では何人の人がプレーできますか。」という意味です。第1段落の3文目後半から10人とわかります。

(2) 質問は，「速く走ることができたのはだれですか。」という意味です。第2段落1〜3文目参照。

(3) 質問は，「ビリーはなぜ毎朝学校まで走っていったのですか。」という意味です。選択肢の意味は，**1**「彼は強い足が欲しかった」，**2**「彼は友達と話したかった」，**3**「彼はいつも起きるのが遅かった」，**4**「彼は学校に早く着きたかった」。第2段落最後から2つ目の文参照。

(4) 質問は，「ビリーはどのくらいの期間学校まで走って行きましたか。」という意味です。第2段落最後の文参照。

(5) 質問は，「ビリーは来月何をするでしょうか。」という意味です。選択肢の意味は，**1**「バスケットボールの試合でプレーします。」，**2**「大学のバスケットボールの試合に行きます。」，**3**「野球チームに参加します。」，**4**「体育館で走ります」。最後の文参照。

▶**説明文の意味**　バスケットボールの試合

　ビリーは13歳です。彼はバスケットボールチームのメンバーです。チームには25人のメンバーがいますが，来月のバスケットボールの試合でプレーできるのは10人だけです。
　ある日，ビリーはテレビで大学生のバスケットボールの試合を見ました。選手たちはすばらしかった。彼らはとても速く走れました。彼らは強い足を持っていました。ビリーも強い足が欲しいと思いました。それで，彼は毎朝学校まで走っていくことに決めました。彼は3週間毎日走りました。
　3週間後，ビリーは以前よりもずっと速く走れるようになりました。昨日，コーチが練習でビリーを見たとき，彼は「きみは来月の試合でプレーするよ」と言いました。

予想テスト　長文問題　　　94ページ

1 (1) **2**　(2) **4**

解説　(1) 質問は，「メンバーは何冊の本を家に持って帰れますか。」という意味です。本文の2行目から「5冊」とわかります。

(2) 質問は，「メンバーはクラブの部屋で何をすることができますか。」という意味です。選択肢の意味は，**1**「英語の本が買えます」，**2**「CDが聞けます」，**3**「ジム・バーンズと話せます」，**4**「英語について質問することができます」。本文の4行目参照。

▶**お知らせの英文の意味**

　　オークマウンテン読書クラブに参加しよう！
英語の本が500冊以上あります。
メンバーは5冊の本を1週間家に持って帰れます。
また，クラブの部屋にはいつも先生がいます。
メンバーは英語について質問することができます。
開いている時間：毎日午後1時から午後6時まで
場所：オークマウンテンホール，D室
費用：1か月8ドル
クラブに参加したい場合は，6431-1551のジム・バーンズまで電話をしてください。

2 (1) **3** (2) **3** (3) **1**

解説 (1) 質問は，「11月14日にマイケルは何をしますか。」という意味です。選択肢の意味は，**1**「彼は祖父を訪ねます」，**2**「彼はダンスのレッスンを受けます」，**3**「彼は大会でダンスします」，**4**「彼は新しいくつを買います」。第1段落3，4文目参照。

(2) 質問は，「50年前にダンスのチャンピオンだったのはだれですか。」という意味です。選択肢の意味は，**1**「マイケル」，**2**「マイケルの母」，**3**「マイケルの祖父」，**4**「マイケルの先生」。第2段落4文目参照。

(3) 質問は，「マイケルは来週何を送るつもりですか。」という意味です。選択肢の意味は，**1**「大会のチケット」，**2**「祖父の古いシューズ」，**3**「母の写真」，**4**「市役所への地図」。第3段落参照。

▶**手紙の英文の意味**　　　　　10月10日

おじいちゃんへ，

お元気ですか。来月ぼくたちを訪ねてくれますか。コットシティー・ダンス大会が11月14日にあります。ぼくはその大会に出るつもりです。100名のダンサーがそれに参加します。ぼくはチャンピオンになりたいので，先生と一生懸命練習しています。

ぼくはあなたの古いダンスシューズで毎日練習しています。古いけど，まだ大丈夫です。ぼくの足にぴったり合っています。お母さんは，あなたが50年前，ダンスチャンピオンだったと言いました。ぼくは縁起をかついで，大会であなたのシューズをはくつもりです。

大会のチケットが2枚あります。来週，送ります。来てくださいね！

愛をこめて，
マイケル

3 (1) **3** (2) **3** (3) **4** (4) **2** (5) **1**

解説 (1) 質問は，「ジェニーはこの冬どこへ行きましたか。」という意味です。選択肢の意味は，**1**「ニューヨーク」，**2**「カナダ」，**3**「シンガポール」，**4**「タイ」。第1段落2文目参照。

(2) 質問は，「ジェニーはおじの家にどのくらい滞在しましたか。」という意味です。第1段落最後の文参照。7日間を1週間と言いかえていることに注意。

(3) 質問は，「ジェニーはなぜ驚いたのですか。」という意味です。選択肢の意味は，**1**「クリスは小さい家に住んでいたから」，**2**「クリスが彼女にお金をたくさんくれたから」，**3**「天気がとても寒かったから」，**4**「クリスの家にはプールがあったから」。第2段落1，2文目参照。

(4) 質問は，「クリスはジェニーの最後の夜に彼女のために何をしましたか。」という意味です。選択肢の意味は，**1**「彼は彼女に鐘を買ってあげました」，**2**「彼は彼女を中華街へ連れていきました」，**3**「彼は太鼓をたたきました」，**4**「彼は夕食を作りました」。第3段落1文目参照。

(5) 英文は，「祭りのあとに，ジェニーとクリスは…夕食を食べました。」という意味です。選択肢の意味は，**1**「有名なレストランで」，**2**「クリスの家で」，**3**「ホテルで」，**4**「プールのそばで」。第3段落最後の文参照。

▶**英文の意味**　　　　楽しい旅行

ジェニーはカナダに住む高校生です。この冬，彼女はシンガポールへ行きました。そこへ行ったのは初めてのことでした。彼女はおじのクリスの家に7日間滞在しました。

クリスと家族はプールつきの大きな家に住んでいます。ジェニーは彼の家にあるプールを見て驚きました。「おじさんはお金持ちなの？」とジェニーはたずねました。クリスは笑って，「私はお金持ちではないよ，ジェニー。1年中暑いから，シンガポールにある多くの家にはプールがあるんだよ。」と言いました。

彼女の最後の夜，クリスはジェニーを中華街の獅子舞の祭りに連れていきました。人々は中国の新年を祝っていました。通りにはたくさんの踊り手がいました。太鼓の音や鐘の音がとても騒がしかったです。クリスとジェニーは3時間いました。祭りのあと，彼らはクリスの家の近くにある有名な中国料理のレストランで夕食を食べました。

ジェニーはシンガポールでとても楽しく過ごしました。来年は，タイに行きたいと思っています。

32　最後の発言に注意

99ページ

(1) **2** (2) **3** (3) **1** (4) **2** (5) **3** (6) **1**

▶**読まれた英文と意味**

(1) A : This pie is very good!　Did you make it?
(このパイはとてもおいしいね！あなたが作ったのですか。)
B : Yes.（はい。）
A : How often do you make pies?
(どのくらいの頻度でパイを作るのですか。)
1 In the evening.（夕方です。）
2 Every weekend.（毎週末です。）
3 For an hour.（1時間です。）

(2) A : I read your report, Lucy.　It was great.（きみのレポートを読んだよ，ルーシー。すばらしかったよ。）
B : Thank you, Mr. Brown.
(ありがとうございます，ブラウン先生。)
A : When did you think of this theme?
(このテーマはいつ思いついたのですか。)
1 Next week.（来週です。）
2 In my classroom.（教室でです。）
3 Two months ago.（2か月前です。）

(3) A : Hi, Ken.　What are you looking at?
(こんにちは，健。何を見ているの？)
B : A picture of my family.　We visited Hawaii last week.（家族の写真だよ。先週，ハワイへ行ったんだ。）
A : Who took this picture?
(だれがこの写真を撮ったのですか。)
1 My brother did.（ぼくの兄だよ。）

015

2 They were nice.（それらはすてきだったよ。）
3 My father's camera.（ぼくの父のカメラだよ。）
(4) A：What's up, Jack?（どうしたの，ジャック。）
B：Mom, can I go shopping with Tom after school today?（お母さん，今日の放課後，トムと買い物に行ってもいいですか。）
A：OK.　But you must be home by six.（いいわよ。でも，6時までには家に帰ってこないとだめよ。）
1 I'm ready.（準備ができています。）
2 I will.（そうします。）
3 That's good.（それはいいですね。）
(5) A：Mike, are you ready to go?
（マイク，出かける用意はできた？）
B：Just a moment, Lisa.（少し待って，リサ。）
A：Hurry up!　We'll miss the bus.
（急いで！　バスに乗り遅れるわ。）
1 Thanks for calling.（お電話ありがとう。）
2 I'll catch the bus.（バスに間に合うでしょう。）
3 I'm coming.（今行くよ。）
(6) A：It's getting dark outside.（外が暗くなってきた。）
B：It's already seven, Joey.（もう7時よ，ジョーイ。）
A：Oh, I have to go home.
（わあ，家に帰らないと。）
1 See you tomorrow.（また明日ね。）
2 Here you are.（はい，どうぞ。）
3 You, too.（あなたもね。）

33　疑問詞を聞き取ろう
101ページ

(1) **2**　　(2) **4**　　(3) **3**　　(4) **1**
(5) **3**　　(6) **1**

解説　(1) 選択肢の意味は，**1**「トミーの箱」，**2**「トミーの切手」，**3**「赤いバラ」，**4**「きれいな花」。
(2) 選択肢の意味は，**1**「100ドル」，**2**「150ドル」，**3**「200ドル」，**4**「250ドル」。
(3) 選択肢の意味は，**1**「書店」，**2**「ゲームショップ」，**3**「球場」，**4**「駅」。
(4) 選択肢の意味は，**1**「彼は腕時計を見つけられません」，**2**「彼の腕時計は動いていません」，**3**「彼はジュディーに会えませんでした」，**4**「ジュディーは彼を手伝いませんでした」。
(5) 選択肢の意味は，**1**「日曜日に」，**2**「月曜日に」，**3**「土曜日に」，**4**「木曜日に」。
(6) 選択肢の意味は，**1**「アン」，**2**「アンの妹」，**3**「ポール」，**4**「ポールの妹」。

▶読まれた英文と意味
(1) A：What do you have in this box, Tommy?
（この箱に何を持っているの，トミー？）
B：Stamps.　I enjoy collecting them.
（切手だよ。ぼくは切手を集めるのが楽しいんだ。）

A：Which one do you like the best?
（いちばん気に入っているのはどれ？）
B：This one.　The red rose is beautiful.
（これだよ。赤いバラがきれいなんだ。）
Question：What are they talking about?
（質問：彼らは何について話していますか。）
(2) A：Look at these shoes, Emma.　They're $150.（このくつを見て，エマ。150ドルだよ。）
B：They were $250 last week, weren't they?
（先週は250ドルだったよね。）
A：That's right.　They're on sale now.
（そのとおり。今は，セール中だね。）
B：They're $100 cheaper than usual.
（ふだんより100ドル安いね。）
Question：How much were the shoes last week?
（質問：そのくつは先週はいくらでしたか。）
(3) A：Dad, can I go to the bookstore first?
（お父さん，最初に本屋さんへ行ってもいい？）
B：The game starts at 1:00.　So we don't have time.（試合は1時に始まるから，時間がないよ。）
A：OK.　Let's go to the stadium.
（わかったわ。野球場へ行きましょう。）
B：We can go to the bookstore after the game.
（試合のあとに本屋さんへ行くよ。）
Question：Where will they go first?
（質問：彼らは最初にどこへ行きますか。）
(4) A：Did you see a watch around here, Judy?
（この辺りで腕時計を見なかった，ジュディー？）
B：No, I didn't.　Why?（いいえ。なぜ？）
A：I put it on the table yesterday.　But I can't find it.（昨日，テーブルの上に置いたけど，見つからないんだ。）
B：That's strange.（それは変ね。）
Question：What's the boy's problem?
（質問：少年の問題は何ですか。）
(5) A：Here's your ticket, Miki.
（はい，あなたのチケットだよ，美紀。）
B：Thank you.　I'm looking forward to the concert.
（ありがとう。コンサートを楽しみにしているの。）
A：Me, too.　Where shall we meet on Sunday?
（ぼくも。日曜日はどこで会いましょうか。）
B：Paul, the concert is on Saturday, not Sunday.
（ポール，コンサートは土曜日よ。日曜日じゃないわよ。）
Question：When is the concert?
（質問：コンサートはいつですか。）
(6) A：There are some pies on the table, Ann.
（テーブルの上にパイがあるね，アン。）
B：Would you like some, Paul?　My sister made the apple pies.（少し食べませんか，ポール。私の妹がアップルパイを作ったのよ。）
A：How about this cherry pie?（このチェリーパイは？）
B：I made it.（私が作ったものよ。）

Question: Who made the cherry pie?
(質問：チェリーパイを作ったのはだれですか。)

34 話の流れをつかもう
——103ページ

(1) **4**　(2) **2**　(3) **4**　(4) **3**
(5) **4**　(6) **1**

解説 (1) 選択肢の意味は，1「動物園で」，2「博物館で」，3「郵便局で」，4「レストランで」。
(2) 選択肢の意味は，1「1人」，2「2人」，3「3人」，4「8人」。問われているのは現在の息子の人数です。
(3) 選択肢の意味は，1「公園を走ります」，2「公園へ犬を連れていきます」3「ジョギングを楽しみます」，4「公園を散歩します」。
(4) 選択肢の意味は，1「先週」，2「この前の日曜日」，3「今度の日曜日」，4「今度の土曜日」。
(5) 選択肢の意味は，1「彼の家」，2「彼の名前」，3「彼の弟」，4「彼の犬」。
(6) 選択肢の意味は，1「彼女は作家に会いました」，2「彼女は友達を待ちました」，3「彼女の友達が彼女を訪ねました」，4「彼女の友達は有名になりました」。

▶読まれた英文と意味
(1) Thank you for coming to Joe's Restaurant. Today's special is beef stew. After dinner, we also have delicious dessert. Please enjoy your meal.
(ジョーズレストランへご来店いただき，ありがとうございます。本日のスペシャルはビーフシチューです。食事のあとには，おいしいデザートもあります。お食事をお楽しみください。)
Question: Where is the woman talking?
(質問：女性はどこで話していますか。)
(2) Mr. Foster has two sons and a daughter. Next year, his wife will have a baby boy. There will be six people in his family. (フォスターさんには2人の息子と1人の娘がいます。来年，彼の妻が男の赤ちゃんを産む予定です。彼は6人家族になるでしょう。)
Question: How many sons does Mr. Foster have now? (質問：フォスターさんには今息子が何人いますか。)
(3) I walk in the park every morning. There are a lot of people there. Some people walk with their dogs, and others enjoy jogging.
(私は毎朝公園の中を歩きます。そこには人がたくさんいます。犬を連れて歩いている人もいれば，ジョギングを楽しむ人もいます。)
Question: What does the girl do every morning?
(質問：少女は毎朝何をしますか。)
(4) I usually make lunch on Sundays, but I couldn't make it last week because of a bad cold. I feel better now, so I want to make sandwiches next Sunday. (私はたいてい日曜日に昼食を作りますが，先週はひどい風邪のせいで作ることができませんでした。今はよくなったので，今度の日曜日はサンドイッチを作りたいと思っています。)
Question: When will the boy make sandwiches?
(質問：少年はいつサンドイッチを作りますか。)
(5) John came to our home five years ago. He is a very smart dog. When I call his name, he runs to me quickly. He's like a brother to me.
(ジョンは5年前に私たちの家にやってきました。彼はとても利口な犬です。私が名前を呼ぶと，すぐに私のところに走ってきます。彼は私にとっては弟のようです。)
Question: What is the boy talking about?
(質問：少年は何について話していますか。)
(6) A man talked to me yesterday. I was waiting for my friend then. I was surprised because he was a famous writer. (昨日，男の人が私に話しかけてきました。私はそのとき，友達を待っていました。彼が有名な作家だったので，私は驚きました。)
Question: Why was the girl surprised?
(質問：少女はなぜ驚いたのですか。)

予想テスト　リスニング
——104ページ

1 (1) **1**　(2) **3**　(3) **1**　(4) **3**
(5) **2**　(6) **1**

▶読まれた英文と意味
(1) A: How about selling cookies at the school festival? (文化祭でクッキーを販売するのはどう？)
B: Sounds good. Where can we make them?
(いいね。どこで作れるかな。)
A: How about in your house? (あなたの家はどう？)
1 Sorry, we don't have an oven.
(すみませんが，うちにはオーブンがありません。)
2 We can buy many cookies.
(たくさんクッキーを買うことができます。)
3 Have a good time. (楽しんでくださいね。)
(2) A: Andy? (アンディー？)
B: Yeah, Kumi. What is it? (うん，久美。何？)
A: I don't have a yellow crayon.
(黄色のクレヨンがないの。)
1 I like your picture. (あなたの絵が好きです。)
2 It's mine. (それは私のです。)
3 Here, use this. (はい，これを使ってください。)
(3) A: Hi, Daniel. Your performance in the play was great. (こんにちは，ダニエル。あなたの芝居の演技はすばらしかったわ。)
B: Thanks, Cathy. But I only practiced once.
(ありがとう，キャシー。でも1度練習しただけなんだ。)
A: Really? How long did you practice?
(本当に？ どのくらい練習したの？)

1 For five hours.（5時間です。）
2 At seven.（7時です。）
3 On Monday and Wednesday.
（月曜日と水曜日です。）
⑷ A：I couldn't see the stars last night.　How about you?（昨日の夜は星は見えませんでした。あなたは？）
B：I watched them with my father.　They were beautiful.（ぼくは父と見たよ。きれいだったな。）
A：Where did you watch them?（どこで見たの？）
1 In the evening.（夕方です。）
2 I'm going to the park.（公園へ行くところです。）
3 From the top of a hill.（丘の頂上からです。）
⑸ A：Where are you going, Sally?
（どこへ行くんだい，サリー。）
B：To Fred's house.（フレッドの家よ。）
A：It'll be cold in the evening.　Take a scarf with you.（夕方は寒くなるよ。マフラーを持っていきなさい。）
1 Me, too.（私もです。）
2 Thanks, I will.（ありがとう，そうします。）
3 Take care, bye.（気をつけてね，さようなら。）
⑹ A：Why are you here, Ken?
（なぜここにいるのですか，健？）
B：My grandpa is in the hospital.
（祖父が入院しているんだ。）
A：Do you visit him every day?（毎日面会に来るの？）
1 No.　Just once a week.（いや，週に1度だけだよ。）
2 Yes, he does.（はい，彼はそうです。）
3 Yes.　He's busy.（はい。彼は忙しいです。）

2 ⑴ **2** ⑵ **3** ⑶ **2** ⑷ **2** ⑸ **1**
解説 ⑴ 選択肢の意味は，1「週に1度」，2「週に2度」，3「週に3度」，4「毎日」。
⑵ 選択肢の意味は，1「メールを書く」，2「お皿を洗う」，3「コンピューターを使う」，4「いい子になる」。
⑶ 選択肢の意味は，1「テーブルの上」，2「ポケットの中」，3「リビングルーム」，4「筆箱の中」。
⑷ 選択肢の意味は，1「少年」，2「少年の姉」，3「少年の兄」，4「少年の父」。
⑸ 選択肢の意味は，1「彼はサッカーの練習がありませんでした」，2「彼は病気でした」，3「彼の先生が学校に来ました」，4「彼の両親は風邪をひいています」。

▶読まれた英文と意味
⑴ A：Hello, Ted.　Where are you going?
（こんにちは，テッド。どこに行くの？）
B：Hi, Amy.　I'm going to the swimming school.
（やあ，エイミー。スイミングスクールへ行くところだよ。）
A：Do you go there every Thursday?
（毎週木曜日に行っているの？）
B：Yes.　And on Mondays, too.
（うん。あと月曜日もだよ。）
Question：How often does Ted go to the swimming school?
（質問：テッドはどのくらいスイミングスクールへ行きますか。）
⑵ A：Mom, can I use your computer?
（お母さん，コンピューターを使ってもいい？）
B：Sorry, Ben.　Please wait until I finish writing this e-mail.（ごめんなさい，ベン。このメールを書き終わるまで待ってちょうだい。）
A：OK.　Then I'll wash the dishes.
（いいよ。じゃあ，お皿を洗っているよ。）
B：Thank you.　You're a good boy.
（ありがとう。いい子ね。）
Question：What does Ben want to do?
（質問：ベンは何をしたいのですか。）
⑶ A：Oh, no!　I can't find my pencil case.
（ああ！　私の筆箱が見つからないわ。）
B：I saw it on the table in the living room.
（リビングルームのテーブルの上で見たよ。）
A：Thanks, Dad.　Did you see my ticket, too?
（ありがとう，お父さん。私のチケットも見た？）
B：It's in your left pocket.
（お前の左のポケットの中だよ。）
Question：Where is the girl's ticket?
（質問：少女のチケットはどこにありますか。）
⑷ A：I like this picture.（この絵が気に入ったわ。）
B：My sister drew it.　She's an artist.
（姉がかいたんだ。彼女は画家なんだ。）
A：How about this print art?（この版画は？）
B：My father bought it.　He likes *ukiyoe*.
（父が買ったんだ。彼は浮世絵が好きなんだ。）
Question：Who painted the picture?
（質問：絵をかいたのはだれですか。）
⑸ A：You're home early today.
（今日は帰ってくるのが早いね。）
B：Yes, I didn't have soccer practice.
（うん，サッカーの練習がなかったんだ。）
A：Why not?（どうして？）
B：Our teacher, Mr. Tyler, was sick today.（ぼくの先生のタイラー先生が今日は病気だったんだ。）
Question：Why did the boy come home early?
（質問：少年はなぜ早く帰宅したのですか。）

3 ⑴ **2** ⑵ **4** ⑶ **1** ⑷ **3** ⑸ **2**
解説 ⑴ 選択肢の意味は，1「1時間」，2「2時間」，3「3時間」，4「4時間」。
⑵ 選択肢の意味は，1「手紙を書きます」，2「サッカーを練習します」，3「体育館でダンスをします」，4「英語の歌を歌います」。
⑶ 選択肢の意味は，1「放課後」，2「グラウンドで」

3「授業の前に」，4「毎朝」。
(4) 選択肢の意味は，1「郵便局へ行くため」，2「切手を買うため」，3「かさを取るため」，4「お金を取るため」。
(5) 選択肢の意味は，1「庭で」，2「公園で」，3「彼の家で」，4「花の中で」。

▶読まれた英文と意味

(1) Yesterday, Judy went to see a movie with her classmates. The movie was two hours long. After the movie, they enjoyed talking for three hours in a coffee shop.
(昨日，ジュディーはクラスメイトと映画を見に行きました。映画は2時間でした。映画のあと，彼女たちはコーヒーショップで3時間おしゃべりして楽しみました。)
Question：How long was the movie?
(質問：映画はどのくらいの長さでしたか。)

(2) There is a school festival next Sunday. Our class will sing English songs. My brother's class will dance in the gym. We're practicing hard every day. (今度の日曜日に学園祭があります。私たちのクラスは英語の歌を歌います。弟のクラスは体育館でダンスをします。私たちは毎日熱心に練習しています。)
Question：What will the girl do next Sunday?
(質問：少女は今度の日曜日に何をしますか。)

(3) Dick likes running. He runs in the field every morning before class. But yesterday, he got up late. So he ran after school. (ディックは走るのが好きです。彼は毎朝，授業の前に，グラウンドを走ります。でも昨日は寝坊しました。なので，放課後走りました。)
Question：When did Dick run yesterday?
(質問：ディックは昨日はいつ走りましたか。)

(4) Cathy had to go to the post office to buy some stamps yesterday. After she left home, it started to rain. So she went back to get an umbrella. (キャシーは昨日，切手を買いに郵便局へ行かなければなりませんでした。彼女が家を出たあとで，雨が降り始めました。それで彼女はかさを取りに戻りました。)
Question：Why did Cathy go back home?
(質問：キャシーはなぜ家に戻りましたか。)

(5) On weekends, I often take pictures of the flowers in my garden. This weekend, I'm going to the park near my house. I want to take pictures there.
(私は週末によく庭で花の写真を撮ります。今週末，家の近くの公園に行きます。そこで写真を撮りたいです。)
Question：Where will the boy take pictures this weekend?
(質問：今週末，少年はどこで写真を撮りますか。)

模擬試験

106ページ

1 (1) 4 (2) 3 (3) 1 (4) 2 (5) 1
(6) 4 (7) 2 (8) 2 (9) 3 (10) 2
(11) 3 (12) 1 (13) 2 (14) 1 (15) 4

解説 (1) A：あなたのお兄さんの身長はどのくらいですか。 B：170センチメートルです。
(2) A：この歌を知っていますか，ジュディー。
B：もちろん。若い女の子の**間**で大人気です。
(3) マイクはアメリカから来た生徒です。彼は**異**文化を学ぶために日本へ来ました。
▶選択肢の意味は，1「異なる」，2「くもりの」，3「のどのかわいた」，4「重い」。
(4) A：この茶色のカーテンとあの緑のとではどちらのほうがいいですか。
B：私は緑のカーテンが好きです。
(5) 駿は将来，アメリカで仕事につきたいと思っています。彼は今年の夏，英語を**学ぶ**ためにニューヨークへ行くつもりです。
▶選択肢の意味は，1「勉強する」，2「質問する」，3「見る」，4「働く」。
(6) 私の大好きな野球**チーム**はブルーバーズです。私は彼らの試合をテレビで見るのが大好きです。
▶選択肢の意味は，1「スポーツ」，2「季節」，3「ボール」，4「チーム」。
(7) 私は新宿で電車を**降りて**，デパートまで歩きました。
▶ got は get の過去形です。get off で「(乗り物)から降りる」という意味です。
(8) A：DVDがたくさんありますね。お姉さんのですか。
B：そうです，それらは彼女のものです。
▶選択肢の意味は，1「彼のもの」，2「彼女のもの」，3「私のもの」，4「彼らのもの」。
(9) A：すみません，コンサートの**チケット**を買いたいのですが。
B：あの店で買えますよ。
▶選択肢の意味は，1「本」，2「手紙」，3「チケット」，4「パズル」。
(10) A：ぼくはケリーの家に行くところです。彼女の家でパーティーがあります。
B：**楽しんできてね**，健。
(11) 私は昨日，父と釣りに行きました。私たちはたくさんの魚を**釣り**ました。
▶ catch の過去形 caught が適切です。
(12) A：10年前はこの学校にはたくさんの学生がいましたか。
B：はい。でも今は，50人しかいません。

▶There were ～．(～がいました)の疑問文 Were there ～？です。

⒀ A：新入生はどんな感じですか。
B：ベスのこと？　とてもいい子よ。
▶What is ～ like? で「～はどんな人ですか」の意味です。この like は「～のような」の意味。

⒁ A：おしゃべりをやめて，ビル。今，テレビを見ているのよ。
B：わかったよ，メグ。
▶stop のあとなので，動名詞を入れるのが適切です。

⒂ A：夏の予定は何かありますか。　B：毎年，家族で外国へ旅行に行きます。
▶選択肢の意味は，1「パーティー」，2「プレゼント」，3「問題」，4「旅行」。

2 ⒃ **2** ⒄ **3** ⒅ **1** ⒆ **3** ⒇ **4**
解説 ⒃ 少女1：グラウンドを見て，エイミー。私の兄が向こうで走っています。
少女2：2人の男の子がいるわ。どちらの男の子があなたのお兄さん？
少女1：あの背の高い男の子です。彼は速く走れます。
▶選択肢の意味は，1「私は彼が見えません」，2「あの背の高い男の子です」，3「彼らは仲のいい友達です」，4「彼は走るのが好きです」。

⒄ 少女：明日，私たちといっしょにビーチに行きませんか，リック。
少年：いいですね。海で泳いだりサーフィンしたりしたいです。
▶選択肢の意味は，1「具合がよくなったように見えます」，2「それは残念です」，3「いいですね」，4「どういたしまして」。

⒅ 少女：すてきなピアノを持っているのね，ジェイムズ。私のために弾いてくれる？
少年：いいよ。何の歌を演奏しようか。
▶選択肢の意味は，1「私のために弾いてもらえますか」，2「別のピアノを持っていますか」，3「昨日弾きましたか」，4「それはいくらですか」。

⒆ 父：ドアのところに大きな箱がある。だれがそこに置いたんだ？
息子：わからない。母さんに聞いてみるよ。
▶I'm not sure. は確信が持てないときに使って，「わかりません」の意味です。
▶選択肢の意味は，1「わかりました，そうします」，2「はい，どうぞ」，3「わかりません」，4「大丈夫です」。

⒇ 男性：すみません。アオバ病院を探しています。ここからは遠いですか。
女性：いいえ，この近くです。歩いて行けますよ。

▶選択肢の意味は，1「タクシーを使ったほうがいいです」，2「あなたは私と話します」，3「あなたに会えてうれしいです」，4「この近くです」。

3 ㉑ **2** ㉒ **4** ㉓ **4** ㉔ **2** ㉕ **1**
解説 ㉑ Could you (tell me the spelling of your name)?
㉒ I (was talking on the phone when) my father came home.
㉓ You (don't have to clean the classroom) today.
㉔ What (car would you like to) ride?
㉕ My father (likes novels better than movies).

4A ㉖ **2** ㉗ **3**
解説 ㉖ 質問は，「何についてのお知らせですか。」という意味です。選択肢の意味は，1「新しいレストラン」，2「祭り」，3「新しい公園」，4「音楽の授業」。
㉗ 英文は，「彼らは…に音楽を演奏します。」という意味です。選択肢の意味は，1「午前10時」，2「午後12時」，3「午後3時」，4「午後5時」。
▶お知らせの英文の意味
インドの文化を楽しもう
日曜日はひまですか。
ブレント公園でのインド祭りに来てください！
日付：9月29日 日曜日
時間：午前10時から午後5時
値段：大人10ドル　子ども5ドル
インドのカレー，パン，紅茶を昼食に楽しめます。
午後3時からメインホールでインドの音楽を演奏します。
くわしい情報は，私たちに電話をしてください。

4B ㉘ **1** ㉙ **4** ㉚ **1**
解説 ㉘ 質問は，「バウマン先生に本について質問しているのはだれですか。」という意味です。選択肢の意味は，1「生徒」，2「店員」，3「教師」，4「作家」。
㉙ 質問は，「新しい書店はどこにありますか。」という意味です。選択肢の意味は，1「スーパーの隣」，2「学校の近く」，3「イーストショッピングセンター」，4「ウエスト駅の近く」。
㉚ 質問は，「来週，彼らはどの章を勉強しますか。」という意味です。選択肢の意味は，1「1章」，2「4章」，3「7章」，4「10章」。
▶メールの英文の意味

送信者：上野亜紀
宛先：リサ・バウマン
日付：2012年7月9日，10：10
件名：文法の本

バウマン先生へ，
昨日，英語の授業で文法の本について話してくださいましたね。放課後，イーストショッピングセンターの書店に行きましたが，そこでは見つけられませんでした。本

の題名を確認したいのですが。もう一度書名を教えていただけますか。
よろしくお願いします，
上野亜紀

送信者：リサ・バウマン
宛先：上野亜紀
日付：2012年7月9日，10：21
件名：本の題名

こんにちは，亜紀，
本の題名は「中学生のための英文法」です。店で店員さんにたずねてみたほうがいいかもしれませんね。ところで，町に新しい書店がありますよ。ウエスト駅の近くです。その店も試してみてください。今日，本が入手できることを願っています。来週は，1章の4ページから10ページを勉強します。家で読んでおいてください。
幸運を，
リサ

4 C (31) 1 (32) 2 (33) 3 (34) 4 (35) 2

解説 (31) 質問は，「陽子とはだれですか。」という意味です。選択肢の意味は，1「中学生」，2「アフリカの動物園の職員」，3「高校の先生」，4「千葉のバス運転士」。

(32) 質問は，「陽子は動物園で何をしましたか。」という意味です。選択肢の意味は，1「動物園の職員を助けました」，2「ノートに動物について書きました」，3「病気の動物たちの世話をしました」，4「動物園についてのビデオを見ました」。

(33) 質問は，「陽子の大好きな動物は何でしたか。」という意味です。選択肢の意味は，1「アフリカゾウ」，2「シロクマ」，3「レッサーパンダ」，4「ピューマ」。

(34) 質問は，「陽子が悲しくなったのはなぜですか。」という意味。選択肢の意味は，1「レッサーパンダは動きませんでした」，2「動物園の職員は家に帰らなければなりませんでした」，3「彼女はゾウが見られませんでした」，4「動物たちは絶滅しかかっています」。

(35) 英文は，「陽子は…したいと思っています。」という意味です。選択肢の意味は，1「両親とアフリカを訪れる」，2「もう一度動物園へ行く」，3「旅行について友達に話す」，4「シロクマについての本を読む」。

▶**英文の意味**　　動物園の動物

陽子は中学生です。昨日，遠足で動物園へ行きました。
生徒たちが動物園に到着したとき，動物園の職員が彼らを待っていました。彼女は「ようこそ！　この動物園には特別な動物がたくさんいます。」と言いました。陽子は動物園の園内マップを見ました。アフリカゾウ，シロクマ，レッサーパンダがいました。そして，職員は「でも，問題もあります。これらの動物は私たちが手助けしなければ，絶滅してしまうでしょう。」と言いました。
生徒たちは先生といっしょに動物園を歩き回りました。陽子は自分のノートに動物について書きました。彼女の大好きな動物はレッサーパンダでした。彼らは自分たちの家の中で常に動いていました。中には立ち上がれるものまでいました！　でも陽子は，動物園の職員の話を考えると悲しくなりました。その動物たちは絶滅しつつあるのです。彼女は動物たちを助けたいと思いました。
家で，陽子は両親にアフリカゾウやシロクマ，レッサーパンダについて話しました。彼女たちは動物たちを助ける方法について話し合いました。彼女は来月，また動物園に行きたいと思っています。

リスニング　第1部

No.1 1　No.2 1　No.3 2
No.4 2　No.5 3　No.6 2
No.7 3　No.8 3　No.9 2
No.10 3

▶**読まれた英文と意味**

No.1 A：Excuse me. （すみません。）
B：Yes, may I help you? （はい，何かお探しですか。）
A：Where are your tennis rackets?
（テニスラケットはどこですか。）
1 They're on the fifth floor.（5階にあります。）
2 You can enjoy tennis here.
（ここでテニスを楽しめます。）
3 This is your racket.（これはあなたのラケットです。）

No.2 A：I have something for you.　Here.
（あなたにあげるものがあります。ほら。）
B：Wow, chocolate!　Can I have one?
（わあ，チョコレート！　ひとつもらってもいい？）
A：Of course.　Which do you want?
（もちろん。どれが欲しいですか。）
1 The black one.（黒いのです。）
2 It's too cold here.（ここは寒すぎます。）
3 My pleasure.（どういたしまして。）

No.3 A：Did you water the flowers in the garden this morning, Judy?
（今朝，庭の花に水をやったかい，ジュディー。）
B：No, I didn't.（いいえ，やっていないわ。）
A：Why not?　You should do it every day.
（なぜだい？　毎日したほうがいいよ。）
1 I like flowers very much.（私は花が大好きです。）
2 It was raining this morning.（今朝，雨が降ってました。）
3 I was drinking a glass of water.
（私はコップ1杯の水を飲んでいました。）

No.4 A：Excuse me.　Is there a post office around here?
（すみません。このあたりに郵便局はありますか。）
B：Yes.　But it's far from here.
（ええ。でもここからは遠いです。）
A：Can I walk there?（歩いて行けますか。）
1 Over there.（向こうです。）
2 You should take a bus.
（バスに乗った方がいいです。）

3 You walk very fast.（あなたはとても速く歩きます。）

No.5 A：Hi, Mom.　Where is Mika?
（ねえ，お母さん。美香はどこにいるの。）
B：She went to the library.（図書館へ行ったわよ。）
A：When will she come back?（いつ戻ってくるの。）
1 To the station.（駅へ。）
2 I'll take you there.（私がそこへ連れていきましょう。）
3 Around six.（6時ごろです。）

No.6 A：Hi, Andy.　Did you have lunch yet?
（こんにちは，アンディー。昼食はもう食べた？）
B：No, not yet.
（いいや，まだだよ。）
A：Do you want to go out for lunch?
（外に昼食を食べに行きませんか。）
1 Sorry, I'm full.（すみません，おなかがいっぱいです。）
2 Sure.　Let's go.（いいよ。行きましょう。）
3 See you tomorrow.（明日会いましょう。）

No.7 A：Are you reading an e-mail, Mom?
（メールを読んでいるの，お母さん？）
B：Yes, it's from your brother Peter.　He's in California now.（ええ，お兄さんのピーターからよ。今，カリフォルニアにいるのよ。）
A：What does he say?（何て書いてあるの？）
1 He's writing an e-mail.（彼はメールを書いています。）
2 He'll call back later.（彼はあとで電話をかけ直します。）
3 He'll come back next week.（彼は来週戻ってきます。）

No.8 A：Did you go to see the soccer game last night?（昨夜，サッカーの試合を見に行ったの？）
B：Yes, I went with my father.
（うん，父と行ったよ。）
A：How was it?（どうだった？）
1 For an hour.（1時間です。）
2 By car.（車でです。）
3 It was exciting.（わくわくしました。）

No.9 A：Hello.　This is Yukari.
（もしもし。由香里です。）
B：Hi, Yukari.（こんにちは，由香里。）
A：Can I speak to Amy, please?
（エイミーをお願いできますか。）
1 I'll call you.（あなたに電話をします。）
2 Just a minute.（ちょっとお待ちください。）
3 I'm ready.（準備ができています。）

No.10 A：What's wrong, Ken?　You look tired.
（どうしたの，健。疲れて見えるわ。）
B：I have an English test this week.　I studied until late last night.（今週英語のテストがあるんだ。昨日の夜は遅くまで勉強していたんだ。）
A：I also have a math test.　Good luck.
（私も数学のテストがあるわ。幸運を祈っているわ。）
1 I did well on the test.
（ぼくはテストでうまくできました。）

2 Let's go to the library.（図書館へ行こう。）
3 You, too.（あなたもね。）

リスニング第2部

No.11 1　**No.12** 3　**No.13** 3
No.14 2　**No.15** 2　**No.16** 1
No.17 3　**No.18** 4　**No.19** 3
No.20 4

解説　選択肢の意味はそれぞれ以下のとおりです。
No.11 1「音楽プレーヤー」，2「携帯テレビ」，3「メール」，4「辞書」。
No.12 1「昨夜」，2「今夜」，3「今朝」，4「昨日の朝」。
No.13 1「彼女は買い物に行かなければなりません」，2「彼女は家にいなければなりません」，3「彼女は動物病院へ行かなければなりません」，4「彼女は犬を散歩させなければなりません」。
No.14 1「電車で」，2「バスで」，3「自転車で」，4「徒歩で」。
No.15 1「トムの」，2「トムの母の」，3「エマの姉の」，4「エマの母の」。
No.16 1「腕時計を探しています」，2「ベッキーの部屋を確認しています」，3「リビングルームを掃除しています」，4「テレビを見ています」。
No.17 1「オレンジジュース」，2「アップルジュース」，3「グレープジュース」，4「トマトジュース」。
No.18 1「公園で」，2「交番で」，3「花屋さんで」，4「駅で」。
No.19 1「スコット」，2「スコットの母」，3「スコットの父」，4「スコットの兄」。
No.20 1「彼女はジムに本を持っていくことができません」，2「彼女はジムを手伝うことができません」，3「彼女はその本が読めません」，4「彼女は本を運べません」。

▶読まれた英文と意味

No.11 A：Hi, Tom.　What do you have in your hand?
（こんにちは，トム。手に何を持っているの？）
B：I use this to listen to music.
（これは音楽を聞くために使っているよ。）
A：It's very small!（すごく小さいのね！）
B：There are a lot of songs in it.
（この中には歌がたくさん入っているんだ。）
Question：What are they talking about?
（質問：彼らは何について話していますか。）

No.12 A：Would you like some cookies?
（クッキーはいかがですか。）
B：Thanks, Yumi.　Did you make them?
（ありがとう，由美。きみが作ったの？）
A：Yes.　I made them this morning.　Last night, I made a pie.

（ええ。今朝，作ったの。昨夜はパイを作ったわ。）
B：You like making sweets.
（お菓子作りが好きなんだね。）
Question：When did Yumi make cookies?
（質問：由美はいつクッキーを作りましたか。）

No.13 A：Let's go fishing tomorrow, Cathy.
（明日釣りに行こうよ，キャシー。）
B：Sorry, Andy. I can't go tomorrow.
（ごめんなさい，アンディー。明日は行けないわ。）
A：Why not?（どうして？）
B：I have to take my dog to the hospital.
（犬を病院へ連れていかなければならないの。）
Question：Why can't Cathy go fishing tomorrow?
（質問：なぜキャシーは明日釣りに行くことができないのですか。）

No.14 A：Did you visit the new theater yesterday?
（昨日，新しい映画館に行きましたか？）
B：Yes. There were a lot of people there.
（はい。人がたくさんいました。）
A：Did you take the train there?
（電車で行きましたか。）
B：No. I used the bus.（いいえ。バスを使いました。）
Question：How did the boy go to the theater?
（質問：少年はどうやって映画館へ行きましたか。）

No.15 A：Is this your new camera, Tom?
（これはあなたの新しいカメラなの，トム？）
B：No, it's not mine. I borrowed it from my mother.
（いいや，ぼくのではないんだ。これは母から借りたんだ。）
A：My sister Emma has the same one.
（私の姉のエマも同じのを持っているわ。）
B：Really? My mother bought it last week.
（本当？ 母はこれを先週買ったんだよ。）
Question：Whose camera is it?
（質問：だれのカメラですか。）

No.16 A：I can't find my watch.
（私の腕時計が見つかりません。）
B：Did you check your room, Becky?
（自分の部屋を確認しましたか，ベッキー。）
A：Yes.（ええ。）
B：OK. I'll check the living room.
（わかった。ぼくはリビングルームを確認してみるよ。）
A：I'll check my bags again.
（私はもう一度かばんを確認してみます。）
Question：What are they doing now?
（質問：彼らは今，何をしていますか。）

No.17 A：Do you want something to drink, Charlie?（飲み物が欲しいですか，チャーリー。）
B：I'd like orange juice.（オレンジジュースをください。）
A：Sorry. I only have grape juice and apple juice.（ごめんなさい。グレープジュースとアップルジュースしかないのよ。）
B：I'll have grape juice, please.
（グレープジュースをください。）
Question：What drink will Charlie have?
（質問：チャーリーはどの飲み物を飲むでしょうか。）

No.18 A：A one-way ticket for New York, please.
（ニューヨークまで片道切符を1枚ください。）
B：Here you are.（はい，どうぞ。）
A：Thanks. Which train should I take?
（ありがとう。私はどの電車に乗ればいいですか。）
B：Get on the train on Track 4.
（4番線の電車に乗ってください。）
Question：Where are they talking?
（質問：彼らはどこで話していますか。）

No.19 A：You play the piano very well, Scott.
（あなたはピアノがとても上手ね，スコット。）
B：Thanks, Emi. My mother plays it well, too.
（ありがとう，恵美。母も上手なんだよ。）
A：Does everybody in your family play the piano?
（家族みんな，ピアノを弾くの？）
B：No. My father doesn't play. But he's a good guitarist.
（いいや，父は弾かないよ。でも，ギターが上手だよ。）
Question：Who plays the guitar in Scott's family?
（質問：スコットの家族の中でギターを弾くのはだれですか。）

No.20 A：Can you help me, Jim?
（手伝ってくれる，ジム。）
B：Sure. What is it?（いいよ。何ですか。）
A：I have to bring these books to the classroom. But they're heavy.（これらの本を教室まで運ばなければならないんだけど，重いの。）
B：OK. I'll carry them.（わかった。ぼくが運ぼう。）
Question：What's the girl's problem?
（質問：少女の問題は何ですか。）

リスニング第3部

No.21 2　**No.22** 4　**No.23** 3
No.24 1　**No.25** 4　**No.26** 1
No.27 1　**No.28** 1　**No.29** 2
No.30 4

解説　選択肢の意味はそれぞれ以下のとおりです。
No.21 **1**「リサ」，**2**「エミリー」，**3**「リサのコーチ」，**4**「エミリーのコーチ」。
No.22 **1**「この前の木曜日」，**2**「この前の金曜日」，**3**「この前の土曜日」，**4**「この前の日曜日」。
No.23 **1**「30ドル」，**2**「115ドル」，**3**「120ドル」，**4**「150ドル」。
No.24 **1**「彼女は誕生日プレゼントを受け取りました」，**2**「彼女は新聞を見つけました」，**3**「彼女は新し

023

いマフラーを買いました」，4「彼女は友達に会いました」。

No.25 1「木を植えます」，2「グループに参加します」，3「ビーチへ行きます」，4「ごみを拾います」。

No.26 1「食べ物」，2「ボール」，3「グローブ2つ」，4「ジュース」。

No.27 1「夕食を食べる前」，2「夕食を食べたあと」，3「サッカーをする前」，4「テニスを見たあと」。

No.28 1「彼の部活動」，2「彼の大好きな音楽」，3「彼の月曜日のスケジュール」，4「彼の次の試合」。

No.29 1「雨」，2「晴れ」，3「曇り」，4「雪」。

No.30 1「看護師」，2「警察官」，3「教師」，4「客室乗務員」。

▶読まれた英文と意味

No.21 Last year, Lisa could swim faster than Emily. Emily practiced hard with her coach. This year, Emily swam faster than Lisa and got first prize in the swimming contest. （昨年，リサはエミリーよりも速く泳ぐことができました。エミリーはコーチと一生懸命練習をしました。今年はエミリーはリサよりも速く泳いで，水泳大会で優勝しました。）

Question：Who won the swimming contest this year?
（質問：今年，水泳大会ではだれが勝ちましたか。）

No.22 I went to the mountain to see the stars last weekend. On Saturday, I couldn't see any stars because it was cloudy. On Sunday, the sky was clear, so I could see many beautiful stars. （私はこの前の週末に星を見に山へ行きました。土曜日は，くもっていたので星が見えませんでした。日曜日は，空が晴れたので，美しい星がたくさん見えました。）

Question：When did the man see the stars?
（質問：男性はいつ星を見ましたか。）

No.23 These teacups were 150 dollars ten days ago. But today, they were on sale. They were 30 dollars cheaper than before. I bought them for 120 dollars. （これらのティーカップは10日前は150ドルでした。でも今日は，セールになっていました。以前より30ドル安かったです。私は120ドルで買いました。）

Question：How much were the teacups today?（質問：ティーカップは今日はいくらでしたか。）

No.24 When Saki checked the mailbox yesterday, she found a new scarf there. She was very surprised. It was a birthday present from her family. （早紀が昨日，郵便受けを確認したとき，そこに新しいマフラーを見つけました。彼女はとても驚きました。それは彼女の家族からの誕生日プレゼントでした。）

Question：Why was Saki surprised?
（質問：早紀はなぜ驚いたのですか。）

No.25 I'm interested in environmental problems. I'm a member of a volunteer group. Last week, we planted trees in the mountains. Next week, we're going to the mountains to pick up trash. （私は環境問題に興味があります。私はボランティアグループの一員です。先週，私たちは山に木を植えました。来週は山へごみを拾いに行きます。）

Question：What will the girl do next week?
（質問：少女は来週何をするでしょうか。）

No.26 Eita and Jun are good friends. They're going to go to the park this weekend. Eita will bring a ball and two gloves, and Jun will bring some food. They will play catch there.
（栄太と順は仲のよい友達です。彼らは今週末，公園へ行く予定です。栄太はボールとグローブを2つ，順は食べ物を持っていきます。彼らはそこでキャッチボールをするつもりです。）

Question：What will Jun bring to the park?
（質問：順は公園に何を持っていきますか。）

No.27 Yuta usually does his homework after dinner. Yesterday, he did it before dinner because he wanted to watch a soccer game.
（勇太はたいてい夕食後に宿題をします。昨日は，彼はサッカーの試合が見たかったので，夕食前にしました。）

Question：When did Yuta do his homework yesterday?
（質問：勇太は昨日はいつ宿題をしましたか。）

No.28 I belong to the baseball team at school. We have practice from Monday to Friday. We'll have a game next Saturday. （私は学校の野球チームに所属しています。私たちは月曜日から金曜日まで練習があります。私たちは今度の土曜日に試合があります。）

Question：What is the boy talking about?
（質問：少年は何について話していますか。）

No.29 It will start to rain Saturday afternoon. It will continue to rain until Sunday morning. It will be sunny Sunday afternoon. （土曜日の午後に雨が降り始めるでしょう。雨は日曜日の午前中まで降り続けるでしょう。日曜日の午後は晴れるでしょう。）

Question：How will the weather be Sunday afternoon?
（質問：日曜日の午後はどんな天気になるでしょうか。）

No.30 Thank you for flying ABC Airlines. We'll arrive in New York around 11:00. We'll take off soon. Enjoy your flight.
（ABC航空をご利用いただきありがとうございます。ニューヨークには11時ごろに到着いたします。間もなく離陸します。空の旅をお楽しみください。）

Question：Who is talking?
（質問：だれが話していますか。）